CIPFA Japan Textbook No.3

歴史と文化のまち

臼杵の地方創生

［監修］

石原俊彦

［編著］

日廻文明／井上直樹

関西学院大学出版会

監修者はしがき

夜空を眺めるとたくさんの星が見える。小川のせせらぎにはオタマジャクシやメダカが泳いでいる。駅前通りには中学生や高校生の歓声。盆踊りは都会からの帰省者で満杯。小学校の同窓会は六〇歳になっても毎年続いている。近所のじいちゃん・ばあちゃんの葬儀にはご近所だけでなく地域のみんなが集まってのお見送り。そして精進揚げは賑やかに。三〇年以上前の昭和の日本には、各地にこうした風景が垣間見られた。少子高齢化が進み、企業や行政機関が東京をはじめとする都会に集中したことで、地方の生産年齢人口は大きく減退し、地方都市からこうした原風景が失われてしまった。

地方創生は「まち・ひと・しごと」の三つをキーワードに、地域の活性化に改めて取り組むアンシャンレジームである。一つひとつの成功事例を考察するだけではなく、地域として地方創生に「総合点」で成功したケースをお手本にすることが、地方創生には欠くべからざる発想である。個別の企業や事例のベストプラクティスを単純にコピペしても、それぞれの地域には特性や歴史があり、それゆえ「1＋1」は「3」にはならない。地域経営のベストプラクティスを模索しても地方創生に効果は出ない。行政経営の視点で、企業や事例のベストプラクティスを見いだし、お手本にすることが必要なのである。地方創生を成功させる要因は、地域の特性と歴史に注目し、そのプラットフォームのうえで、具体的な地方創生の戦略（what）と戦術（how）を構築することにある。

本書で取り上げた大分県臼杵市は人口わずか三万八〇〇〇人のどこにでもありそうな地方都市である。私が臼杵市に初めて関与したのは一九九九年。当時、後藤國利市長は日本初のバランスシート係を企画財政課に設置され、全国から注目されていた。私はそのバランスシート検討委員会に委員として出席した。もう二〇年近くさかのぼるひと昔前のことである。当時まず驚いたのが、市役所に勤務する市職員の多くが、明るく人に親切であったということである。市民のなかにもお好み焼き屋を営みながら市の文化委員を務める音楽家、などという人もいた。地元には有名な醤油メーカーが二社あって、その微妙な関係が市民にも意識されながら、臼杵のまちづくりが進められているのも興味深かった。首をボルトで接着して国宝に（昇格し）指定された臼杵石仏の話も興味深いし、一六世紀から潜在するキリスト教文化の影響も臼杵の随所に垣間見られた。仁王座には多くの観光客が訪れていて、すぐに江戸時代へとタイムスリップすることが可能である。

一九九〇年代の不況で、市内の基幹産業であった多くの造船業が撤退し、雇用の多くが失われても、臼杵の料亭文化は今日でも生き延びている。ｇｌｏｂｅのメンバーであるＫＥＩＫＯの実家は山田屋という料亭である。臼杵城址ではＫＥＩＫＯのパートナーの小室哲哉氏が一言も話さずに、ボランティアでコンサートを開いたりもする。市民が集まって竹宵祭りを盛り上げて、市の重要な観光資源にしたり、元藩主稲葉家の屋敷跡には、台所や厠がそのまま残されていて興味深い。造船業がダメなら、観光業。観光資源がなければ、生み出せばよいし、臼杵出身の有名人がいれば、そのパートナーにも「厚意で」演奏を頼む。杓子定規の取り組みばかりが地方創生ではないということを、臼杵のまちづくりは教えてくれている。

臼杵の地方創生には「歴史と文化のまち」という大きな柱がある。そして、先人の練達によって、この大きな柱の周りに立派なその他の柱が何本も出来上がってきた。臼杵は「歴史と文化のまち」ではあるが、決して「歴史と文化」だけにとどまっているわけではない。それを実現したのは、これまで臼杵市にかかわってきた多くの「人」である。この「人」のなかにスーパースターはほとんどいない。多くの市民が力や知恵をあわせた結果、今日の臼杵が形成されている。真に地方創生を成功させようとすれば、地方創生にスターを求めてはいけない。臼杵の地方創生は、どこにでもいる市井の住民が、臼杵の特性と歴史を暗黙知で掛け算し、知恵と努力と少々の喧嘩を介して生み出した「汗と涙と笑顔」の結晶なのである。

本書では以上のような臼杵市の「汗と涙と笑顔」の実相をおおよそ三つのパートに分けて考察している。最初のパート（第1・2・3章）では、「歴史と文化のまち臼杵」の「歴史」と「文化」の側面から、臼杵市の歴史と特性が、キリシタンや臼杵城などの歴史的文化的資産の存在の視点から論述されている。第二のパート（第4・5・6章）では、造船業の撤退という基幹産業の衰退に直面した臼杵市が、歴史と文化をキーワードにした観光戦略・マーケティング・ブランディングを通じて、地域の経済的活性化に取り組んだ事例が紹介されている。第三のパート（第7・8・9・10章）では、臼杵市が人口移住・定住促進の政策として取り組む「子育て世代への施策と高齢者世代への施策」が詳述され、地方創生の取りまとめ役としての機能発揮が期待される臼杵市役所の協働と参画のまちづくりに関する条例等の内容が検討されている。

地方創生を推進するためには、個々の企業や事業の成功事例ではなく、地域としての総合的な成功の度合いを斟酌した先行事例を見いだすことが重要である。臼杵市の取り組みは、一つひとつが日本を代表する取り組みというわけではない。しかし、その総合点はきわめて高い。そのことは臼杵市を訪問すれば瞬時に体感することができる。臼杵では、地域の特性と歴史を斟酌した地方創生が実現されているのである。

執筆にあたっては、臼杵市で現地視察を行い、臼杵市と臼杵市役所の関係者にヒアリングをさせていただいた。ヒアリングで得た示唆や資料が本書のもとになったことは言うまでもない。

臼杵市の後藤國利前市長と中野五郎市長には本書の編集でも多大なご配慮をいただいた。また、次の皆さんには大変にお世話になった。記して感謝申し上げたい（五十音順、ヒアリング当時の所属と役職、敬称略）。

安部啓二朗	臼杵市総務部協働まちづくり推進課
伊賀上しげみ	てくの屋店長
岩本　武	臼杵市秘書総合政策課主査
衛藤和子	臼杵市福祉保健部保険健康課副主幹
遠藤征夫	臼杵市子ども子育て課課長代理
奥村有希	臼杵市地域おこし協力隊
川野義明	臼杵市教育委員会事務局文化・文化財課長

神田高士　臼杵市教育委員会事務局文化・文化財課文化財研究室長
神田常幸　臼杵市元収入役
口石　愛　臼杵市教育委員会事務局学校教育課総括課長代理
黒田真紀　臼杵市教育委員会事務局文化・文化財課主事
佐藤一彦　臼杵市ふるさと建設部産業促進課長
椎原英一　臼杵市総務部財政企画課
杉野　等　臼杵市福祉保健部保険健康課長
須田元樹　㈱山の暮らし舎
高橋和彦　臼杵市農林振興課有機農業推進室
田口孝志　臼杵カトリック教会神父
槌本俊貴　臼杵市地域おこし協力隊
内藤健治　臼杵市総務部財政企画課課長代理
大戸徳一　臼杵市福祉保健部長
野崎大輔　大分県教育委員会義務教育課指導主事
日高昌幸　臼杵市教育委員会事務局文化・文化財課課長代理
姫嶋千世美　臼杵市福祉保健部保険健康課総括課長代理
平川美佳　臼杵市教育委員会事務局学校給食課主査（管理栄養士）
広瀬　隆　臼杵市総務部協働まちづくり推進課課長代理
藤澤清晴　臼杵市福祉保健部次長
藤澤典雅　臼杵市農林振興課参事兼有機農業推進室長
藤嶋祐美　有機農家
増中洋二　臼杵市福祉保健部高齢者支援課主査
村松真理　臼杵市教育委員会事務局学校教育課教育指導主事

目原康弘　臼杵市福祉保健部子ども子育て課総括課長代理
望月裕三　臼杵市ふるさと建設部都市デザイン課課長代理
山﨑　誠　臼杵市地域おこし協力隊
渡邊陽仙　臼杵市福祉保健部保険健康課主査

本書の出版では、関西学院大学出版会の田中直哉さんと浅香雅代さんに大変にお世話になった。すでに関西学院大学出版会から監修者は一〇冊近い書物（単著・共著・編著・監修書・監訳書）を出版させていただいている。本書も関西学院大学出版会からの出版が可能になった。改めて深謝申し上げる次第である。本書の校正では、筆者の研究室の出身者である遠藤尚秀教授（福知山公立大学）、丸山恭司准教授（愛知工業大学）にお世話になった。両氏の研究者としての大成を祈念したい。また現役の研究室生（大学院博士課程後期課程在学中）である荒木利雄氏・飯田哲也氏・大西弘一氏・細海真二氏にも原稿内容を確認していただいた。本書の編集作業は日廻文明教授（関西学院大学）と井上直樹専任講師（福山大学）にお願いした。関係各位のご配慮に心より御礼申し上げる次第である。

本書はCIPFA Japan Textbook No. 3として出版するものである。一般社団法人英国勅許公共財務会計協会日本支部からの出版助成により、本書の発刊が可能になったことを付言して感謝申し上げたい。

二〇一七年九月　西宮市上ケ原にて

監修者　石原　俊彦

目次

第1章 「歴史と文化のまち臼杵」から紐解く地方創生

I 国際都市臼杵の歴史

国が地方創生でめざすものは、地域に住む人々が、自らの地域の未来に希望をもち、個性豊かで潤いのある生活を送ることができる地域社会を形成することである。わが国は、多様な気候風土の下で、それぞれの地域が独自の歴史や文化を形成し、多様な地域社会をつくりあげてきた。そうした生活や価値観の多様性が徐々に失われ、全国どこにでも同じような景観や社会形態が作られていくなかで、地方からは人口が流出し、その結果、経済的・社会的基盤が失われ、地域の持続性そのものが問われるような事態になっている。

これは、まさに、大分県臼杵市が置かれている境遇であり、臼杵らしい風情、歴史、文化といったものを今の形でしっかりと残し、それを日本全国に、そして、世界中に広めていくことが、戦国時代に大友宗麟によって今の市街地が形成され、数百年にわたって創り上げられてきた臼杵市の生き残る道である。本章ではまず、臼杵の町づくりの歴史を振り返りながら、臼杵の地域資源の代表的なものである風情、歴史、文化を活用した地方創生のあり方を考えていきたい。

1　市街地の歴史

臼杵市は、豊後水道に面した大分県の東南部に位置し、日豊海岸国定公園に指定されているリアス式海岸を有するなど、山と海の豊かな自然に囲まれた人口約四万人の町である。「臼杵」の地名は、五世紀の中頃に造られた臼塚古墳にある石甲が「臼」と「杵」の形に似ていることに由来する。

現在の市街地は、戦国時代九州一円に権勢を振るったキリシタン大名大友宗麟が、臼杵川河口の丹生《にう》嶋《じま》に築城以後形成され、以来政治経済の重要地となり、南蛮貿易港として、またキリスト教布教の本拠地として知られるようになった。当時は、西洋文化輸入の国際都市としてにぎわい「東九州の浪華」と呼ばれた。

臼杵城は、このキリシタン大名大友宗麟によって丹生嶋に築かれた城である。海に浮かぶ丹生嶋は、全体の形が亀に似ているうえ、突端の潮の干満により島の一部が、亀が首を出すように見えたことから別名「亀ヶ城」とも呼ばれ、当時は四方を海に囲まれた天然の要害をもつ海城として、全国でも珍しかった。宗麟が臼杵に移り住んで以降、城下は南蛮貿易や明との交易により、虎、象、孔雀、オウムなどの鳥類のほか、絵画、書籍、羅紗などの世界の産物がもたらされ、国内屈指の商業都市としてのにぎわいをみせた。

宗麟の死後、嫡子義統《よしむね》の時代に鎌倉以来四〇〇年続いた大友氏による豊後国の支配は終わりを告げた。大友氏の後、豊後は分割統治され、臼杵は福原直高（石田三成の妹婿）、太田一吉（石田三成の娘婿）を経て、関ヶ原の戦いのあと一六〇〇（慶長五）年一二月稲葉貞通が入封、一五代久通まで二七〇年余稲葉氏の統治下にあった。

2　ポルトガル・マカオとの交流

臼杵はかつてポルトガル・マカオとの交流が盛んだった。大友宗麟が府内（大分市）から居を移してからは、バテレンたちの活動の中心地として南蛮文化が花開き、政治、経済上の重要な国際都市として栄え、東西文化の接点になった。故加藤知弘大分県立芸術文化短大教授の研究では、ルイス・デ・アルメイダが教会を建て、日本では唯一のノビシャド（修練院）があった。ポルトガル人宣教師も駐在、特に日本の布教長だったフランシスコ・カブラルは臼杵から布教活動の指示を出していたとされる。一九九三（平成五）年には、日本ポルトガル友好四五〇周年記念イベントが全国の関係各地で開催され、臼杵市においても国賓のソアレスポルトガル大統領（当時）にも参加いただき、記念イベントを開催、臼杵市と南蛮文化との相互理解の普及に貢献することができた。

3　デ・リーフデ号漂着

太田一吉時代の一六〇〇（慶長五）年四月一九日、佐志生《さしう》にオランダ帆船デ・リーフデ号が到着した。デ・リーフデ号は、日本をめざしオランダのロッテルダムを出航した五隻の船団のうち、日本に到着した唯一の船である。乗組員のウイリアム・アダムズ（三浦按針）とヤン・ヨーステンが、徳川家康に重用されたことは有名である。佐志生黒島には、彼らの功績を讃えた上陸記念碑や銅像、また、二〇〇〇（平成一二）年の日蘭交流四〇〇周年記念事業で建設された黒島記念公園（当時のオランダ皇太子も訪問）のほか、デ・リーフデ号に関する資料を集めた記念館がある。

現在、三浦按針の功績を顕彰し、地域の活性化にも役立てようと、三浦按針ゆかりの都市四市で構成する「ANJINプロジェクト連携協議会」が設立されている。メンバーは、按針が領地を与えられた神奈川県横須賀市、按針による日本で初の洋式帆船が建造された静岡県伊東市、按針終焉の地である長崎県平戸市、そして日本で最初の地を踏んだ大分県臼杵市の四市である。三浦按針は、臼杵には九日間しか滞在しなかったが、もし、臼杵での乗組員に対する扱いが間違っていれば、日本とオランダの歴史は存在していなかったことも考えられることから、日蘭交流の始祖としての役割を改めて検証、役立てようとしているところであり、まさに最初が「肝心」とアピールを行っているところである。

活動の中心は、四市持ち回りで開催をしてきた「三浦按針サミット」であり、二〇一六（平成二八）年は臼杵市での開催を予定していたが、熊本・大分地震が発生し、急遽中止に追い込まれた。臼杵市でのテーマは、「デ・リーフデ号は臼杵に〝漂着〟したのではなく、当時国際都市であった臼杵をめざしてきた〝到着〟であった」ということを論点に、同様の論文を発表されている日本総研の寺島実郎氏の講演を基に展開する予定だっただけに、大変残念であった。今後ともあらゆる機会を通じて、同事件の検証と貢献について考察を深めていきたいと考えている。また、四市の共同事業として、NHK大河ドラマへの採択要望を行っている。外国人から見た徳川家康など、これまでとは違った視点でドラマが展開できるのではないかと考え、要望活動を行っているところである。

以上、中世以降の臼杵の歴史を振り返ってきたが、まさにこの歴史の積み重ねが現在の臼杵市のまちづくりの基礎を形成してきたのであり、最も貴重な地域資源である。したがって、臼杵の地方創生はこの歴史資源を有効に活用し、ほかでは見られないまちづくり、地域活性化を展開すべきものと考えている。

Ⅱ　一六世紀の町割りが現存する、臼杵のまちづくり

Ⅰで整理したように、臼杵の中心市街地のまちづくりは、大友宗麟が一六世紀に臼杵城を建造したときにその基礎が形づくられた。臼杵城は、四方を海に囲まれた海城であったが、周辺に形成された城下町の景観は、今も色濃く残されており、特に町八町と呼ばれる地域の道路は、臼杵に大量に残されている江戸時代当時の様子を見ることのできる古地図の道路と一致するという、希少価値のある町割りが現存している。町並み保存の歴史を振り返り、それらを利活用するにはどんな方法があるのかを考えたい。

1　町並み保存の成果と近年の急激な変化

臼杵の町並み整備は、貴重な財産をピックアップして保存・保全していく点から始め、それらを線へとつなぎ、さらに線から面へと拡張整備していくという経過をたどっている。臼杵の町並みが線ではなく、広範囲にわたって点在していることに特徴・価値があり、臼杵らしさであることに、ようやく気づき始めたのは、臼杵で最初の「全国町並みゼミ」[1]が開催された一九八三（昭和五八）年頃である。城下町時代のものをほぼ継承している臼杵の町並みについて、あるゼミ参加者は「臼杵の町並み保存は一周

遅れのトップランナー」と評した。

民間と行政との協働によるまちづくりを展開していくなかで一九九九（平成一一）年には臼杵市で二回目となる「全国町並みゼミ」が開催された。町並み、環境、まちづくりについて再び臼杵市から議論が交わされ、中心市街地の活性化についても話題となった。

臼杵市の中心市街地は、歴史資源や商業施設および住居が一体となって、生活感あふれる町並みとなっており、臼杵らしさを形づくる要素の一つとなっている。しかし、近年、その生活感のある中心市街地にも、空き店舗の増加など陰りがみられるようになり、長い議論の末、二〇〇二（平成一四）年アーケードを撤去して伝統的な町並みを生かした商店街として生まれ変わることになった。また、武家屋敷や寺院、商家、町家、商店街などを結ぶ回遊性をもった道路である石畳舗装や電線地中化への取り組み、臼杵城跡の櫓復元整備などによる町並み拠点整備事業等により、町並み保存のプロセスは、点から線へ、線から面へと整備を進めてきたところである。

2　臼杵のまちづくりの三つのステージ

町並み整備の進展と相まって、臼杵のまちづくりを時代ごとの変化で見てみると、次のとおり三段階に分けて考えることができる。

第一は、「沈滞から価値見直しの時代」である。一九八三（昭和五八）年に開催された全国町並みゼミをきっかけに、臼杵のもつ歴史資源、文化の見直しや新たな発見により、地域に対する愛着や誇りが芽生えてきた。まちづくりや観光に対する考え方の転換が始まった。特にまちづくりにおけるソフト面での議論が始まり、臼杵の町並みをどうしたら点から線へとつないでいくことができるか、見直しの議論が交わされてきた。また、個人において、臼杵の景観を残す住宅改築などが始まったのもこの頃であり、行政も一九八七（昭和六二）年に「臼杵市歴史環境保全条例」により、民間の修景事業に補助金を交付する制度を整えている。その補助実績は、二〇一六（平成二八）年度までの累計で、二七四件、総額一億六〇〇〇万円である。

第二は、「基盤整備の時代」である。一九八九（平成元）年頃から、近世の面影を残す歴史的建造物の修理保全や当時の町並みの雰囲気を今に伝える石畳整備など、中心市街地の町並みを中心として整備を行ってきたところであるが、その整備方針は、「街並み環境整備計画」や「臼杵まちんなか活性化計画」によって示され、線から面へと整備が進められたところである。中心市街地で始められた「うすき竹宵[2]」やふるさと臼杵を題材にした臼杵映画「なごり雪[3]」は、内外に臼杵らしさを発信するしかけとして、多くの方に臼杵の中市街地に足を運んでいただくきっかけとなっている。二〇〇四（平成一六）年には国の景観法が施行されたことを受け、本市では、二〇〇六（平成一八）年、同法に基づく「景観行政団体」となった。二〇〇八（平成二〇）年、市内全域を景観計画区域とした「臼杵市景観計画」を定め、二〇一一（平成二三）年度、臼杵市景観条例を制定・施行している。

第三は、「新しい価値を付加する時代」である。まちづくりに対する考え方の転換、歴史資源を修復保全する基盤整備の時代を経て、これらの資源をどう活かしていくか、すなわち利活用の工夫や新しい価値を付加する時期を迎えている。

3　景観条例への移行

その一環として、整備を行った旧城下町の歴史的価値をより一層アピールするとともに、建物や工作物を城下町らしい景観とさらに調和させていくことをめざしている。二〇一三（平成二五）年度には、城下町を含む中心市街地や臼杵石仏周辺など、従来の「歴史環境保全地域」を基本とする「景観形成重点地区」の指定と、この「景観形成重点地区」の「景観形成計画」の策定により、臼杵市景観条例を改正している。これを受けて、二〇一三（平成二五）年度、臼杵市歴史環境保全条例を廃止し、臼杵市景観条例へ完全に移行したところである。これらの景観形成制度は、旧城下町地区の建物や工作物を、城下町臼杵にふさわしい景観と調和させることに寄与していくものと考えられる。

4　「町なか泊」の推進

次に、これまでの旧城下町整備を活用した「町なか泊」の推進による交流・滞在促進事業の展開である。現在、わが国においては、二〇二〇年東京オリンピック・パラリンピックの開催などを背景に観光施策が強化されている。また、二〇一九年開催ラグビーワールドカップにおいては、大分市が開催都市の一つとして選定されるなど、今後県内においても交流人口の増加が見込まれているところであり、その宿泊の受け皿として、気軽に宿泊できる、いわゆる民泊が注目されている。

これらの機会をとらえ、臼杵市においてもその特徴や資源を活かした交流人口の増加を図っていく必要がある。臼杵市には国宝臼杵石仏、美しい海岸部、田園風景、海の幸、里の幸、そしてそこで営まれる人々の暮らしそのものが、臼杵にしかない魅力として存在している。そのなかでも臼杵の特徴的な資源である城下町の活用については、今後の課題でもあり、同時に大きな可能性も秘めていると考える。そこで、臼杵への来訪者の玄関口ともいえる町なかにおいて、空き家等を活用し、訪れる人が臼杵市の魅力をゆっくり体感・堪能し、臼杵に暮らす住民とも交流を促進することができる拠点（町なか泊）をつくり、新たな臼杵の活力の源にしたいと考える。

民泊については、政府においても規制改革計画のなかで、適正な規制の下でのサービスの推進に向けた法整備への取り組みが行われているところであり、臼杵市としても城下町地区において、その特性を活かした交流拠点（町なか泊）の形成と新たな交流メニューの創出により、訪れたくなる、気軽に訪れ滞在を楽しむことができるという環境整備を推進していきたいと考えている。これにより、空き家等の遊休資産の有効活用が図られ、新たな雇用創出が生まれるとともに、臼杵の魅力の情報発信効果による中心市街地の活性化と交流による臼杵ファンの増加を期待するものである。

Ⅲ　臼杵の歴史と文化に基づいた新しい時代の「観光」のあり方の確立と誘導

1　臼杵市観光振興戦略会議の設置

臼杵市では、二〇一二（平成二四）年度を「観光振興元年」と位置づけ、観光振興の新たなスタートの年とし、観光の新しい戦略を策定するため、臼杵市観光振興戦略会議を設置した。

会議のメンバーは、市長から選出された飲食店関係者、農業関係者、漁業関係者やボランティア、地元企業など、それぞれの分野で活躍されている方々で構成され、約一年をかけて議論を重ね、観光振興戦略ビジョンや臼杵観光のめざす姿をまとめたところである。戦略を具体化するものとして、五つの基本理念と重点戦略を掲げている。さらに一〇の基本施策を策定し「臼杵市観光振興戦略」として市長に提言を行っている。

2　観光振興戦略のビジョン

今回の観光振興戦略ビジョンの柱は、①お客様の立場に立ったおもてなしの心の育成、②臼杵の味《み》力《りょく》や四季を感じる情報の共有、発信に力を入れる、ことである。また、その「めざす姿」は、おもてなしの「個」を磨き、おもてなしで「個」をつなぎ、お客様をお迎えすることができるようになることである。ビジョンの基本理念は、「おもてなし」である。それには次のような意味が込められている。「お」は「おいしいがあふれる」、「も」は「もう一度と思わせる」、「て」は「ていねいな接客のできる」、「な」は「なつかしい匂いがする」、「し」は「しんせつな情報を発信する」、である。

また、ビジョンの重点戦略は、①「臼杵らしいおもてなしの心」を育てる、②情報発信力の強化、③体験交流による滞在型観光の推進、④地域資源の魅力向上、⑤広域観光交流の推進、の五つを掲げている。一六〇〇年にオランダ船デ・リーフデ号が佐志生に到着した際、臼杵の住民はまさに「おもてなし」の心で乗組員に対応することができ、その後の日蘭交流につながっていったことから、元祖「おもてなしの心」を有していた史実を持ち合わせていると考える。

インバウンド観光[4]による経済活性化や交流人口の増加は、地方においても活性化の手段として期待されているが、一六世紀において日本有数の国際都市であった臼杵においても、多くの外国人が訪れるラグビーワールドカップ（二〇一九）や東京オリンピック・パラリンピック（二〇二〇）を好機ととらえて、さまざまな活性化策を行使することで、地域経済の活性化を呼び起こす契機にしたいところである。

3　観光振興戦略の今後のあり方

二〇一四（平成二六）年五月に完成した、臼杵市観光の拠点となる「臼杵市観光交流プラザ」（元大分銀行臼杵支店をリニューアル）を中心として、行政や観光情報協会等の民間を核とした、観光振興に志をもつ人たちと組織をつくり、市民・企業・議会・行政が一体となって、臼杵の観光を盛り上げていくことが必要だと考える。「個」で集まり、「個」がつながっていく団体組織で、観光振興を牽引するとともに、〝臼杵らしいおもてなしの心〟をもった市民が、さらに市民力を向上させることで、より光り輝く臼杵市の実現をめざすべきだと考える。また、観光が「業《なりわい》」となるためには、これまで基盤整備を行ってきた、城下町である中心市街地が観光の核となり、全市的に広がる仕組みをつくる必要があると考えているので、中心市街地の観光化対策に力を注いでいくことが必要である。野津地域については、野津庁舎の整備に併せ、中心部のにぎわい創出が図れるように活性化に取り組むことが予定されている。

二〇一七（平成二九）年度からは、「観光振興戦略プラン」の見直しや滞在型観光の推進策として、城下町の空き家などの遊休資産を有効活用した「町なか泊」により、観光客の滞在時間を延ばし、交流人口の拡大やインバウンド対策を強化し、中心市街地の活力につなげていくことが重要である。

Ⅳ　新臼杵市の誕生「日本の正しいふるさとへ！」

1　合併の必要性

二〇〇〇（平成一二）年に施行された地方分権一括法[5]以来、地方自治体の自主・自立が叫ばれるなか、将来にわたり、自治体を維持・発展させていく手段としての合併の推進が図られた。当時の臼杵市と野津町も、合併の手段を選び、二〇〇五（平成一七）年一月に、新市「臼杵市」を誕生させるに至った。なぜ、平成の大合併に至ったのか、当時の臼杵市と野津町の事例を基に、もう一度合併時のまちづくりを振り返ることで、これからのまちづくり・地方創生を考察する。当時の地方自治体の共通の状況・課題は次の三点にまとめられる。

地方分権の推進

地方の時代が叫ばれて久しいが、二〇〇〇（平成一二）年四月に地方分権一括法が施行され、住民に最も身近な基礎的自治体である市町村は、自己決定・自己責任の原則のもと、ますます高度で多様な行政サービスの提供を求められることになった。

少子高齢化社会の進展

急激な少子化による年少人口と生産年齢人口の減少は、経済活動や地域活力の低下を招き、高齢化の進行は、医療・福祉などの社会保障関連経費の増大をもたらすことから、地方自治体の財政事情はますます厳しくなり、小さな市町村ではこれまでの行政サービスのレベルを維持することが困難となることが予想された。したがって、限られた財源のなか、子育て支援や医療体制の充実、多様な健康・福祉サービスなどを行うことのできる体制と行政能力の向上を図る必要に迫られることになったのである。

多様化・高度化するニーズ

住民の多様化・高度化する行政需要に対し、より行き届いたサービスを提供するためには専門的な知識や技術をもった人が必要である。このためにも市町村合併を機に、重複していた事務事業を統合し職員を再配置することで、小規模自治体では困難であった、専門知識をもつ職員による質の高いサービスを提供することも可能になると考えられる。

2　新市臼杵市の歴史概況

臼杵は、国宝・特別史跡の臼杵磨崖仏をはじめ、国・県指定の石造文化財が数多く存在している。中世の終わりには、キリシタン大名大友宗麟の丹生嶋城移住にともない南蛮貿易など、キリスト教を中心とした西洋文化との交流が活発に行われている。近世は、稲葉氏の臼杵藩領として維新までの約二七〇年間を推移することになる。臼杵地域では、武家屋敷や商家の町並みが形成され、城下町としてのたたずまいを今日に伝えている。多くの政・財界人や文化勲章受章者をはじめとする優れた文化人を輩出してきた、堅実で倹約を旨とした藩風は質実な臼杵人気質を醸成した。[6]また、野津地域では、頓智やユーモアに富んだ民話話吉四六話を生み出してきた。

臼杵地域においては、一九五〇（昭和二五）年臼杵町と海辺村が合併、市制を施行し臼杵市となり、一九五四（昭和二九）年佐志生村・下ノ江村・下北津留村・上北津留村・南津留村五村を編入合併し現在に至っている。一方、野津地域においては、一九四九（昭和二四）年野津村が町制を施行。その後、一九五一（昭和二六）年に、田野村、一九五五（昭和三〇）年に、川登村・南野津村と合併。一九五七（昭和三二）年に、戸上村一四集落を編入合併し、現在に至っている。

3　新市まちづくりの基本方針

新市の将来像とめざす姿であるが、臼杵市には、史跡を中心とした文化財が数多く残され、城下町の町並みも歴史の「古さ」をイメージさせている。野津町は、豊かな自然環境に恵まれ、田園風景はどこか懐かしく、日本の原風景を感じさせる。これらの風景は、江戸時代臼杵藩領として、人々が協働して創り出してきたものであり、地域の伝統・文化や産業、住民気質の基となってきた。

昨今の急激な情報化、技術革新にともない、住民の生活環境が大きく変化する一方で、「スローフード」「地産地消」などの言葉に代表されるように、地方の豊かな自然の恵みに「安心」や「癒し」を求め、より安全で健康的な食生活を求める人々が増えるなど、生活の価値観が見直される時代となっている。臼杵市では、現在、土づくりセンター[7]で生産される有機の堆肥である「うすき夢堆肥」を活用した畑で作られる「ほんまもん野菜」の認証制度などにより、「有機の里づくり」を推進している。

また、地域のコミュニティをまちづくりの主体として位置づけ、地域の課題に関しては、住民と行政とが役割分担をしながら取り組もうとする新しい住民自治の中心的存在として、旧小学校区を単位とする「地域振興協議会」の設置を推進している。臼杵市と野津町には、幸いにも受け継がれてきた古き良き日本の自然と風土が守られている。それらを永く後世に伝えていくためには、地域に残されているさまざまな資源をうまく活かしていくことが必要であり、そのためにも「地域振興協議会」などを通じた地域のコミュニティづくりを強化しているところである。

「新市のあるべき姿五つの柱」には、単にまちの経済的な豊かさや都会的なものを求めるのではなく、「豊かな臼杵市・野津町の地域資源を守り活かし、臼杵らしさ野津らしさを大切にし、小さくとも光り輝く個性的なまちになること。そして、市民がそんなふるさとに誇りをもって暮らすこと」という想いが込められた。そこで、臼杵市と野津町が合併した後の、めざすまちの将来像について、両市町の総合計画の方向性や将来の社会変化を見据えたうえで、一〇年後の新市に住む市民の望ましい姿をイメージし、めざす「新市の姿」とめざす「新市の市民生活の姿」を次のとおり設定し、まちづくりの指針としたのである。

「新市の姿」は、〝臼杵市と野津町の恵まれた自然を活かし、知恵とユーモアで真珠のように小さくともキラリと光る個性的なまち〟と設定した。「新市の市民生活の姿」は、〝臼杵らしさ、野津らしさに磨きをかけて楽しく生きる〟とし、昔から日本にありながら現在の日本から忘れられつつある、失ってはならない「大切なもの」すなわち「ふるさと」そのものの姿をめざすこととした。そこで「日本のふるさとはかくあるべし」そして「まだまだ、この地域にはその要素が残っている」という気持ちを込めて、新市の将来像を、「日本の正しいふるさとへ！」と設定した。これは、「失ってはならない日本の美風を残し人々が自分らしい心豊かな人生を　無理なく楽しく生きることができる　世界に誇れる『夢』共同体」と定めたものである。

4　先人の教えと知恵

一方、この新市の将来像を定めた背景には、臼杵の先人の教えと知恵が大きく影響している。一九七四（昭和四九）年に発行された『臼杵小学校百年誌』において、臼杵市の名誉市民で作家の野上弥生子氏は、見事に臼杵の将来のまちづくりの方向性について指摘を行っている。それが、〝一〇年たったら「日本の真珠」へ〟の表題で投稿された文書である。野上弥生子さんの言う「真珠のような輝きのまち」は新市にとってのまちづくりの目標である。したがって、臼杵市と野津町でつくる新しい市も、けばけばしくなく、流行に左右されず、凛としてきらりと輝く真珠のようなまちをめざしたいと考えたところである。以下、『臼杵小学校百年誌』において野上弥生子氏が投稿したものの抜粋を掲載する。[8]

もとより臼杵は大都会でもなく、なにか盛んな事業で繁栄を誇るような仕事に適したひろい土地は持ち合わせておりません。しかし、いわゆる高度生産の過程によって多くの工業地帯が苦しんでいる公害とは無縁に、温和な気候、緑の山、青い海、清らかな空気を昔ながらに保っている幸運を忘れてはなりません。一粒の真珠は、他のけばけばしい宝石より、より貴重なものとされます。資源や土地に乏しい臼杵とても、運営次第で、よそでは欲しくとも手に入らぬ九州東海岸の真珠に育て上げられるはずです。好ましい風土のみではなく、歴史、文化の条件においても特殊にゆたかな温床をもっているのですもの。またそれだけに、みなさんの将来に課せられた任務はなかなか重大なわけになります。臼杵をその美しい真珠に仕上げるか、どうかはこれから先のみなさんの責任なのですから。どうかしっかり頼みます。

V　まちの将来像は「日本の心が息づき、育つまち臼杵へ」

1　急激な少子高齢化と人口減少への対策が急務

臼杵市は、第一次総合計画（二〇〇六―二〇一五）で、まちの将来像「日本の心が育つまち～たくましさと温もりをめざして～」と定めて合併後の新市のまちづくりを行ってきたところである。しかしながら、予想をはるかに上回る勢いで進展する少子高齢化と人口減少に対応するため、また、南海トラフを震源域とする地震や津波による災害対策が急務となっていることから、総合計画の計画期間を一年前倒して、第二次臼杵市総合計画（二〇一五―二〇二四）を策定することにした。第二次総合計画は、市民・職員五〇名で組織された総合計画策定委員会を中心に、一〇年後の臼杵市のまちづくりの目標を「日本の心が息づくまち臼杵～『おだやかさ』と『たくましさ』を未来へつなぐ」と定めたところである。

この将来像が示すまちの姿は、前述した新市建設計画策定時の「新市まちづくりの基本方針」にも示されたように、「昔から日本にありながら現在の日本では忘れられつつある、失ってはならない『大切なもの』すなわち『ふるさと臼杵の心』を育て、未来へつないでいくまち」である。また、少子高齢化と人口減少にともない、これまでとは大きく社会状況が変化していること、地震や津波による災害が想定される土地柄であることを考えると、人々やまちが有する「おだやかさ」に加え、何事にも立ち向かっていく力、乗り越えていく「たくましさ」も兼ね備えたまちでありたいという想いを込めている。

2　前期計画（五年間）の重点プロジェクト内容

臼杵市は、第二次総合計画の前期計画五年間における重点プロジェクトについて、これまで行ってきた事務事業評価や施策評価である「サービス検証」、市民サービスに対する「市民意識調査結果」や事業取り組みの経過、財政状況、社会情勢などを勘案し、少子化・高齢化と人口減少対策に重点を置くことを決定した。したがって、計画の中から次の三つを、特に緊急かつ重点的に取り組むべきとし、事業実施を行っているところである。

安心して子どもを産み、子育てできる環境づくり

結婚・出産・育児について、希望がもてるような環境を整備する。具体的には、子どもを産み育てる世代が、臼杵で「子どもを産みたい」「育てたい」と思えるように、安心して妊娠・出産できる体制の強化および子育て環境の整備を行うとともに、ワーク・ライフ・バランスの推進などにより、企業や事業者の子育てに対する理解を促していく。また、子どもと一緒に親も育つことができる家庭教育を推進

する。子どもに対しては、教育内容の充実による基礎学力の定着と学力の向上を図るとともに、学校と地域、家庭の連携により食育や読書を推進し、生きる力を育む取り組みを行い、臼杵が大好きな臼杵人(「臼杵っこ」)を育てていく。これにより、「子育てをするなら臼杵」という評価が定着するまちにしていく。

うすきの資源を活かした産業の振興

地域の特性を活かした起業の促進、産業活動の活性化により、魅力ある産業を振興し、就業の機会を創出する。具体的には、魅力的な観光資源の活用・創出による地域活性化を図ることで交流を広げるとともに、歴史・文化遺産の活用による観光産業の発展を図る。観光産業の発展は、交流人口を増やし、まちのにぎわいの創出につながるものと考える。そのためにも、おいしく安全な食材を活かす「有機の里うすき」「うすき海のほんまもん」を実現し、「うすきブランド」の開発と六次産業化を推進する。地域経済を潤すために、中心市街地を活性化させるとともに、地場産業の育成と企業誘致を行い、雇用の確保と就労支援を行うことで、子育て世代も安心して働くことができ、人が集まりにぎわうまちにする。

移住・定住による「うすき暮らし」のすすめ

臼杵の恵まれた環境の中で、安心安全に生活することができること、意欲的に働くことができること、そして、結婚や出産、子育てができ、将来に夢や希望をもつことができるような、魅力あふれる

「うすき暮らし」を推進する。

具体的には、臼杵に住んでいる方が、安心安全に暮らせる、住みやすい「ふるさと臼杵」に磨きをかけ、魅力的なまちづくりを行う。この魅力的なまちを訪れたい、住みたいと感じるような情報発信を行う。臼杵を訪れた方々が、「日本の心のふるさと」を体感でき、臼杵でゆっくりと過ごし、再び訪れたくなる、住みたくなるまちにしていく。そのためには、生涯を通じて心身ともに健康的な生活が送れ、地域内での交流や地域どうしの交流による住みやすい地域づくりが実践されることで、Ｕターン、Ｉターンなどによる「うすき暮らし」を推進する。これにより、臼杵らしい田舎暮らしを堪能し、「住んでよかった」と幸せを実感できるまちにしていく。

3　重点プロジェクト推進のための実施事業

子育て支援センター「ちあぽーと」を建設

若者が臼杵に住みたい、臼杵で結婚したい、臼杵で子どもを産みたい、臼杵で子どもを育てたいと思えるよう、結婚・妊娠・出産や子育ての環境を整えるとともに、適齢期の若者が臼杵で結婚し、家族で安心して住んでもらえるよう官民協働による婚活事業と相談支援策を強化していくことにしている。なかでも、妊娠期から一八歳までの子育てをトータルで支援するために、子育て支援センター「ちあぽーと」を二〇一六（平成二八）年度にオープンさせた。センターには、

①　子育て中の保護者らが気軽に立ち寄れる「遊びの場、集いの場」
②　妊娠期から一八歳までの子ども・子育て支援のワンストップを図るための「相談や支援の場」
③　親育てと子育て支援の情報を発信するための「学習・情報発信機能」
④　母子健康手帳や児童手当などの「子どもに関する行政手続き」

などの機能が備わっており、開設以来多くの親子連れでにぎわっている。

有機の里づくり

臼杵の産業を促進していくために、既存商工業の振興はもとより、臼杵の豊富な宝を活かした新たな産業の育成を進める。これまで進めてきた有機の里づくりによる「ほんまもん農産物」や臼杵で水揚げされる水産物「海のほんまもん」などの食を中心とする、うすきブランド開発が六次産業として育つ施策を強化していく。

特に、臼杵市土づくりセンターで生産される「うすき夢堆肥」を活用して、安心・安全でおいしい野菜が小学校、中学校の給食をはじめ、市民皆さんの食卓に届けられることをめざしている。臼杵市民に、必要とする安全な農作物が安定的に食卓に届き、健康に生活していくこと。また、自立し自信にあふれる生産者と、食と農業に関して高い認識をもつ消費者とが、常に強い信頼関係で結ばれ、豊かで健康な人々が住む臼杵市になっていくことを目標にしている。臼杵市では、臼杵市の農業のあるべき姿（ほんまもんの里）を想い、めざしていくために、生産者、消費者、すべての臼杵市民が食と農業の大切さを知り、お互いの役割を理解、尊重し、協力しながら臼杵市の農業を魅力ある産業に育てようとしている。

住み心地一番の「うすき暮らし」へ

臼杵市まち・ひと・しごと創生総合戦略の二つ目の柱「ひと（移住・観光）」において、地方への新しい人の流れをつくるために、三つの目標を定めている。

一つ目の「社会増減」は従来の▲二五〇人程度を▲一六〇人程度にする目標にしているが、二〇一六（平成二八）年度は▲八五人に止まることができている。これは、移住定住施策に重点を置いて取り組んだ成果が出ていると考えられ、特に三〇代、四〇代の世帯主が家族で移住する例が多く見受けられる。

二つ目の移住者実績であるが、二〇一五（平成二七）年度から新たな移住奨励補助金を設けており、その受給者実績から移住者数を把握すると、二〇一六（平成二八）年度の実績で七七世帯二〇三人（目標四〇人）となっており、大分県内では豊後高田市に次いで二番目に多い実績となっている。

三つ目の観光客数は今後の目標を全体が一割増、外国人が二割増としているが、二〇一六（平成二八）年度有料観光施設入場者数が二〇万三六〇一人となっており、二〇一四（平成二六）年度と比較すると▲一万九七八一人、▲九・七パーセントとなっている。二〇一六（平成二八）年四月に発生した熊本・大分地震とその風評被害の影響が大きく、後半持ち直したものの大幅な減少となった。移住定住策については、これまでの取り組みが実を結び、成果が表れてきている。今後とも臼杵らしい、臼杵にしかない自然、歴史文化、風土、食の魅力をさまざまな分野で連携させた総合政策を展開し、住み心地一番の「うすき暮らし」を情報発信していく。

また、空き家対策も一層強化し、さらなる中古住宅の活用検討や若者世代のための住宅確保など、支援制度を充実させ、実効性ある事業の促進を行う。本年、一月に移住希望者が移住先を探す拠点として長期滞在できる「おためしハウス」を臼杵地域に設置したが、来年度には野津地域にも設置したいと考えている。また、移住希望者の相談や現地案内を担う定住支援員を配置し、きめ細かい支援策を通じて、移住、ＵＪＩターンを考える方々が、「日本の心のふるさと」を実感し、臼杵に住みたい、住み続けたいと思える施策に積極的に力を注いでいく。

うすき石仏ねっと

「うすき石仏ねっと」とは、臼杵市内の医療・介護機関を結ぶ情報ネットワークである。「石仏カード」を提示していただくことで、さまざまな機関にあるデータを共有することができるようになる。発足当初の二〇一二（平成二四）年四月に四八四人でスタートした会員数は、二〇一七（平成二九）年三月現在で一万二一四四人まで増加している。市民それぞれが、かかりつけ医・薬局等をもち、安心安全な医療等が受けられ、介護が必要になった時も、それまでの状態を情報共有でき、老いても病んでも自分らしく暮らせるまち「臼杵」となるための施策として充実、拡充を図っているところであり、会員数の当面の目標を一万八〇〇〇人においている。

医療費の傾向であるが、国民健康保険における、大分県全体の一人当たり医療費の対前年比率をみると、二〇一五（平成二七）年度は一・〇五一となっており、二〇一二（平成二四）年度一・〇一七と比較して、上昇傾向が続いている。一方、臼杵市の同比率は、二〇一三（平成二五）年度一・〇四二であったが、二〇一五（平成二七）年度には一・〇一三にまで減少しており、うすき石仏ねっとや健康寿命延伸への各種取り組みなどにより、低減化の傾向が出始めている。さらなる医療費の適正化をめざして、この石仏ネットワークの充実、展開を図っていくことにしている。

臼杵市は、二〇一七（平成二九）年からクラウド型EHR高度化事業[9]にも取り組んでおり、臼杵地域だけでなく、大分県中部医療圏の主要医療機関との情報共有により、医療・介護・福祉従事者と行政の連携が強化されることをめざして取り組みを進めているところである。これらの取り組みにより、臼杵市は、さらなる医療費・介護費用等の抑制および削減、安心安全な医療を受けられる環境整備につながっていくことをめざしている。

注

1　全国町並み保全連盟が、一九七八（昭和五三）年から開催している。各地の町並み保存・活用運動や歴史を活かしたまちづくりについての情報交換や事例の検証を行っており、臼杵市においても一九八三（昭和五八）年、一九九九（平成一一）年の二回開催しており、臼杵の中心市街地における町並み保存運動のきっかけとなった。

2　臼杵市は、一九九七（平成九）年に、中心市街地の町並みに竹ぼんぼり約四〇〇〇本を配置した「竹工芸まつり」（現在は「うすき竹宵」）を開催して以来、二〇一六（平成二八）年で二〇周年を迎えた。臼杵市がこのまつりを始めて以来、竹田市「竹楽」、日田市「千年あかり」が開催されており、現在「大分竹灯り」と称して、大分県の秋の風物詩となっている。

うすき竹宵は、般若姫伝説に基づくまつりとなっている。メインイベントは般若姫行列で、そのストーリー性をもった厳粛な雰囲気、約二万本の竹ぼんぼりが城下町を照らし出すとともに、中心市街地の名所・旧跡が竹のオブジェによって装飾され、訪れた人を幽玄の世界へと導く。

3　二〇〇二（平成一四）年に公開された、大林宣彦監督作品。古い街並みが残る二王座やうすき竹宵、石仏火まつりなどが題材として使われた。

4　インバウンド観光とは、外国人旅行者を自国へ誘致すること。政府は、訪日外国人旅行者数を現在の約二〇〇〇万人から二〇二〇年には四〇〇〇万人を突破する目標を掲げて各施策に取り組んでいるところである。

5　一九九九（平成一一）年七月に公布された「地方分権の推進を図るための関係法律の整備等に関する法律」。地方分権推進計画を実施するため、地方自治法をはじめとする四七五件の法律の改正を行う法律である。

6　荘田平五郎（三菱の総支配人、キリンビールの名付け親）、山本達雄（日銀総裁、大蔵大臣）、箕浦勝人《みのうらかつんど》（逓信大臣）、中根貞彦（三和銀行初代頭取）らの政財界人や野上弥生子（文化勲章受章、臼杵市名誉市民）、吉丸一昌《よしまるかずまさ》（「早春賦」作詞者、東京音楽学校教授）、日名子実三（彫刻家、八咫烏《やたがらす》を意匠とする日本サッカー協会のシンボルマークをデザイン）らの文化人など、日本を代表する著名人を多く輩出してきている。

7　二〇一〇（平成二二）年に設置された、安全安心な農産物を消費者に届ける「ほんまもん農業」を推進する、臼杵市農業再構築のための拠点施設で、「有機の里」づくりを推進している。土壌成分のバランスを良くし、土壌微生物の働きが活発になる「うすき夢堆肥」を生産し、農家や臼杵市民に販売する。この堆肥は、土づくりのための堆肥だが、草木類を主原料に「草木類八割、豚ぷん二割」という比率で、自然の土に近い堆肥を作っている。
8　『臼杵小学校百年誌』一九七四（昭和四九）年、巻頭祝辞から引用した。
9　総務省二〇一六（平成二八）年度第二次補正予算事業で、各地のＥＨＲ（電子健康記録）のシステム資産を有効活用し、クラウド技術を活用してＥＨＲを高度化することで、地域の医療機関、介護事業者等の双方向の情報連携や異なる地域の医療情報ネットワーク間の診療情報等の二次利用を可能とし、効果的な地域を越えた広域の医療情報連携の全国への普及展開を目的とする事業。

参考文献

臼杵小学校百年誌編集委員会（一九七四）『臼杵小学校百年誌』。
臼杵市（二〇〇三）『平成一五年度都市再生モデル調査報告書』。
臼杵市（二〇〇五）『臼杵市新市建設計画』。
臼杵市（二〇〇六）『臼杵市第一次総合計画書』。
臼杵市（二〇一三）『臼杵市観光振興戦略プラン』。
臼杵市（二〇一五）『臼杵市第二次総合計画書』。
臼杵市（二〇一五）『臼杵市まち・ひと・しごと創生総合戦略』。

第2章 臼杵キリシタンの歴史遺産活用と地方創生

まちの魅力による交流人口拡大

I 臼杵で栄えたキリスト教

1 キリスト教の布教

臼杵には、戦国時代後期にキリシタン大名で有名な大友宗麟が臼杵に居城を構えて以来、キリシタンによってにぎわった歴史がある。キリスト教はこの時代に西日本を中心に広まったが、臼杵は当時キリスト教布教における拠点の一つであった。

そもそも、アジアにおけるキリスト教の布教は、四三一年のエフェソス公会議において異端認定され、唐代において中国に広まったネストリオス派キリスト教（景教）が始まりであるが、日本では戦国時代に布教が始まったと一般的に知られている。浅見によると、一五世紀頃のカトリック教会は、大航海時代にポルトガルとスペインというイベリア半島の二つの国の世俗権力と密接に結びつきながら海外布教を推進した。[1] 時代背景には、ローマ教皇がイベリア両国の海外への布教圏拡大を承認して、両国を後ろ盾としたカトリック宣教師たちが布教のために海外に進出していったことがあり、この布教を保護する名目で、イベリア半島諸国は布教先に強大な軍事力をもって進出したのである。特にポルトガルは、アフリカからインドや東南アジア方面に進出し、一六世紀中葉には日本にまで到達した。[2] こうして、日本とポルトガルとの関係が成立し、間もなく日本においてキリスト教の布教が開始された。[3]

キリシタンは、一般的に戦国時代、キリスト教、特にカトリック派の教えを信仰していた信者たちのことを指す言葉である。キリシタンの定義について、浅見は、「キリシタンとは、ポルトガル語の'Christão'に由来しており、『キリスト教の』という意味の形容詞と『キリスト教徒』という意味の名詞にあたる。同時代には『吉利支丹』と表記されていたが、禁教の影響によって『切支丹』などと表記されるようになった。現在では、学術用語として『キリシタン』という表記が定着している」[4] と述べている。

日本におけるキリスト教信仰は、イエズス会士フランシスコ・ザビエルによりカトリックの教えが伝えられたことを起源としている。浅見によると、一五四九（天文一八）年八月一五日、ザビエルは、コスメ・デ・トーレス、ジョアン・フェルナンデス、アンジローらとともに鹿児島に上陸した[5]。ザビエルは現在の長崎県平戸市および山口県山口市を中心に布教活動をしていたとされ、山口では大名大内義隆に謁見している。臼杵との関連では、一五五一（天文二〇）年にザビエルは豊後国主の大友宗麟に会っているが、その背景として浅見は「大友宗麟は、早くからキリシタンの教えに関心を寄せており、ポルトガル貿易の利益を考慮したこともあって、キリスト教を庇護した」[6]と指摘している。ザビエルによりヨーロッパにもたらされた情報によって、その後当時の日本に、アレッサンドロ・ヴァリニャーノ、ルイス・フロイスらイエズス会の宣教師や修道士たちが続々と渡来し、キリスト教の布教を行った。彼らの布教によって、キリスト教は西日本を中心に広まっていった。当初は、ヨーロッパからはるばる遠い異国にやってきた宣教師たちにとって、日本語はあまりにも習得困難な言語で、信者たちとのコミュニケーションに問題があり、また、ザビエルがデウスを大日如来にたとえて説教したこともあり、カトリックが仏教の一派であるとの誤解を当時の日本国民に与えたのも確かである。その過ちに気がついた宣教師たちは一五六〇年代から日本古来の神仏道とキリスト教はまったく異なる宗教であることを強調するよう方向転換したため、仏教や神道などの既存の宗教をしのいで、「創造主としての神」が信仰として受け入れられるには高いハードルが存在していた。

当時の宣教師たちは南蛮貿易との関係が深く、戦国大名たちの関心の対象となっていった。たとえば、ルイス・デ・アルメイダのように、ポルトガル商人として日本に来た後、山口においてイエズス会に入会し、布教活動を行うケースも出てきた[7]。こうした宣教師たちの布教活動は、宣教師たちがまず各地の有力な武将、松浦隆信、大内義隆、大友宗麟などと謁見して、南蛮貿易などの利益を理由に布教の許可を得るという手段を採っていた。一六世紀中頃から盛んになった南蛮貿易へ大いに関心を寄せる戦国大名とキリスト教の宣教師たちは利害関係が一致し、キリスト教が布教されていったと考えられる。

臼杵が戦国時代におけるキリシタンの中心都市として栄え、多くのキリシタン歴史遺産が存在しているのは、以上のような背景があって誕生したキリシタン大名大友宗麟によるものである。

2 キリシタン大名大友宗麟

大友宗麟（義鎮《よししげ》）は一五三〇（享禄三）年、豊後国守護職大友義鑑《よしあき》の嫡子として豊後国府内（現在の大分市）に生まれた。宗麟が家督を継ぐ前、ポルトガル人メンデス・ピントは、鹿児島から日向を通って臼杵に上陸し、そこから大友義鑑治世下の府内を訪れたとされている。[8] またこの頃、府内に五年間も滞在し日本語も達者になっていたデイオゴ・デ・アラガンというポルトガル人が、日本のカミとホトケではない天地と世界をおつくりになった創造主に祈りを捧げているところを、当時まだ年若かった宗麟が目撃し、キリスト教を体感している。[9] 父の義鑑が家臣に討たれ二一歳の宗麟がそのあとを嗣いで領主となったのは一五五〇（天文一九）年のことであったが、それまでの間に宗麟はポルトガル人との交流を通じてその高い文化と科学・技術――特に火薬、鉄砲、そして外科医療の技術――を知り、またキリストの教えについても漠然とした知識を得ていた。[10] 家督を継いだ翌年フランシスコ・ザビエルと会見し、この会見が宗麟に深い感銘を与え、この二七年後宗麟が受洗するとき、フランシスコという洗礼名を授けてほしいと申し出ている。[11] このように、若い頃から南蛮文化に触れていたことが、後のキリシタン大名大友宗麟を生み出した礎となったと思われる。

宗麟は一五五六（弘治二）年に家臣の叛乱を避けて臼杵湾に浮かぶ天然の要害ともいえる丹生嶋に移り、当地に城を築いた。[12] これが後の臼杵城である。やがて城に近い海岸沿いの地に教会堂が設けられた。[13] 宗麟が府内から臼杵に移り住んだことにより城下に町が形成され、これが今日の臼杵のまちへとつながっていくことになる。山口の大内氏が滅亡した後、宗麟の勢力は大いに伸び、一五五九（永禄二）年には豊前、筑前、筑後の守護職を得、さらに将軍の足利義輝から九州探題に補任された。[14] 宗麟は宣教師たちを優遇しその布教事業に援助の手を差し伸べ、自ら教会の保護者をもって任じていた。[15]

宗麟は府内から臼杵へ移ったあと、布教保護の態度を明らかにし、地所を与えて宣教師の住院を建てさせ、領民に入信の自由を認めた。[16] こうして日本で最もキリスト教に理解を示した大名の一人ともいえる宗麟のもと発展した臼杵は、この頃の日本におけるキリスト教文化の中心と考えられる。現代風に表現するならば、宗麟はキリスト教文化を取り入れることで、臼杵のまちにおける地方創生を戦国時代において成し遂げたともいえよう。その後、宗麟は、晩年になるとキリスト教に対する熱意がますます高まり、一五七八（天正六）年、臼杵の教会において洗礼名フランシスコとして受洗している。

この後、大友家は日向高城に出兵し、高城合戦で大敗したが、その敗戦により急速に国力を弱めた。これによって豊後一国がその支配地となった大友家であったものの、宗麟は離反しつつあった家臣団を一つにまとめることに成功し、キリシタンの保護と対外交易の増進に積極的に努め、豊臣秀吉との連携を保つことで政治的な安定を復活させて生涯を終えている。

3 禁教政策以後のキリシタン

キリシタン大名大友宗麟の存在によって、臼杵で栄えたキリシタンたちは、江戸幕府のキリシタン禁教令以後、一七世紀に入り次第に衰退していく。宮崎は、「一六一四（慶長一九）年キリシタンに対する徹底した禁教令が発布され、その後、迫害・殉教期と呼ばれる短期間に多数の殉教者を出す厳しい弾圧が行われた[17]」と、キリシタン弾圧が始まった時期について述べている。宮崎は、キリシタン禁教令によって「キリシタン大名たちは、高山右近のような一部の例外を除けば棄教した[18]」ことについても触れ、キリシタン大名の棄教の原因についても、「もともと南蛮貿易の利益という経済的目的で受洗したので、幕府が禁教政策を明らかにし、長崎における一元的貿易支配体制を強化し、鎖国政策を進めた以上、キリシタン大名であることは何ら貿易上のプラスにはならなくなってしまった[19]」と指摘する。

臼杵市教育委員会事務局文化・文化財課文化財研究室の神田高士室長（以下、「神田室長」という）は禁教令以後のキリシタンについて「禁教令によって幕府の転宗政策が始まり、表向き転宗するが隠れてキリシタンの教えを守ろうとする者と本当に転宗する者とに分かれることになる。前者が『潜伏キリシタン』、後者は『転びキリシタン』と言われている[20]」と話す。また、神田室長によると、一六一四

（慶長一九）年の江戸幕府による禁教令から、一八九九（明治三二）年の「神仏道以外の宣教宣布並堂宇会堂に関する規定」（内閣省令第四一号、七月二七日付）まで非合法にキリスト教の教えを守ってきた潜伏キリシタンは、一八九九（明治三二）年以降、その多くがカトリック教会から受け入れられなかった。潜伏している間、日本の神道および仏教の影響を受け、カトリックの教義や祭儀などが守られず、長い年月を経て独自の変化を遂げてしまったためである。神田室長はさらに「キリシタンが転宗した場合、転宗したキリシタンの五代のちまで臼杵藩の監視を受ける。禁教令以後の歴史を解明するには、キリシタンが転宗したことを示す『転び証文』などの解析が重要である」との認識を示してくれた。

ここで一つの疑問が浮かびあがる。それは、同じ九州にあり、同じ時代にキリシタンが栄えた長崎県に関連する。長崎県では「長崎の教会群とキリスト教関連遺産」が、二〇〇七（平成一九）年一月、ユネスコの世界遺産暫定一覧表に登録されているが、同様にキリシタンが栄えた臼杵市では世界遺産という話は聞こえてこない。キリシタン関係の歴史遺産が存在するにもかかわらず、臼杵市が長崎に比べてキリシタン関係で注目されないという点に疑問がある。現代の臼杵市ではカトリックの信者は大友宗麟の時代に比べると格段に少なく、現在の信者の大半がフィリピンなどの外国人である。戦国期にキリシタンで栄えた地域において現代にカトリック信者がそれほど多くないという傾向は全国的にみられ、かつてキリシタンで栄えた町にカトリック信者が多いかといえば、必ずしもそうではない。

岡田は、日本のキリスト教化について、一六世紀後半と第二次世界大戦敗戦直後に外国人宣教師が激増したことについて触れている[21]。特に一六世紀後半のキリシタンの信仰について「封建国家の統一の過程で政治的に弾圧されたために衰えたことは事実であるが、もしその弾圧がなかったとしても果してその信仰が日本全土を蔽いつくしたかどうかは疑問である」と岡田は指摘する。その理由として、岡田は「長い歴史の中でほとんど民族信仰化した仏教の寛容と温情に慣らされた日本人にとって、唯一絶対の神の教えのきびしさには堪え難いものがあるのではないか」[23]と推測している。

かつて臼杵で栄えたキリシタンが後世に残してくれた歴史遺産は貴重なものであるが、現在の臼杵は臼杵石仏のイメージが先行し、キリシタンの歴史遺産を活用するには発展途上であると思われる。

Ⅱ　臼杵市における仏教由来とキリスト教由来の歴史遺産

1　仏教由来の歴史遺産

臼杵市には、全国的に有名な「臼杵磨崖仏（石仏）」という特別史跡でもありかつ国宝でもある貴重な歴史遺産が存在する。臼杵磨崖仏は、文化財としての価値のみならず、観光資源としての価値も高いものと認められる。臼杵市史によると、現在、国の特別史跡、国宝に指定され、また昨今の歴史・観光ブームにのって脚光をあびている臼杵磨崖仏が、世に知られるようになったのは古く大正時代からであった。[24]臼杵市史では、臼杵磨崖仏が、ホキ・堂ヶ迫・山王山（隠れ地蔵）・古園（十三仏）の四磨崖仏群を中心に満月寺祉や大日石仏が加わって成り立っているが、このような大きな規模の石仏群の出現を可能にしたのは、一つには地勢・地質などの自然条件に恵まれたからであったことが明らかにされ、大正時代から以下のような研究が存在していたことが紹介されている。[25]

臼杵町から臼杵川に沿うて四万竹田街道を行くこと約一里、姫獄から津久見湾頭に突出している山脈は大小の谷を成して北に降りている。其のうちに臼杵川の支流深田川の形成した一廓の平地がある。是れ我が磨崖の石仏と之と姉妹関係のある所謂満月守の追祉と称するものの所在地である。姫抜から南方一帯は遠く肥後の八代から連続する十日生国の岩石から成立ち、また臼杵町の西方に白亜紀の山岳が存在しておるが、臼杵川の沿岸には阿蘇山から大野郡・直入郡一帯に亘る火山凝灰岩の層が細く帯の如く其上を被うている。而して此の凝灰岩の丘陵の一部に鐫刻《せんこく》せられたのが我が深田の石仏に外ならない。

大正時代からこうした研究が行われてきたことは、臼杵市における貴重な歴史遺産として「臼杵磨崖仏」が古くから認識されていたことを示している。

2　キリスト教由来の歴史遺産

一五世紀末頃キリシタン大名大友宗麟の庇護の下、臼杵城下で広まっていったキリシタンについて、現在の臼杵市には「下藤地区キリシタン墓地」をはじめとした貴重な歴史遺産が存在する。

下藤地区キリシタン墓地について、杵津・森井・伊藤・山路・神田（二〇一三）は、「臼杵市野津町の標高一三〇メートルの台地北端に位置する、臼杵市キリシタンに関する貴重な遺構である。この地域には、一六世紀後半より大友氏の庇護で多数のキリシタンが存在したことがフロイスの『日本史』にも記載されており、また過去にキリシタン墓碑などのキリスト教関連の石造物が見つかっているとのことである。下藤キリシタン墓地は、それらの石造物が発見された場所付近が二〇一〇（平成二二）年度からの調査により発掘され、一六世紀から一七世紀のキリシタンの墓とみられる石組遺構や、それに関連すると見られる礎石建物遺構などが発見されたことで、二〇一三（平成二五）年に大分県指定史跡となったものである」[26]と述べており、臼杵市内において近年その重要性が認識されてきた歴史遺産である。また、『広報うすき』によると、「六五基の石組墓標をもったキリシタン墓、礼拝堂と思われる小さな建物跡、河原石を敷き詰めた円形の広場と参道といった遺構が確認され、一六世紀のキリシタン墓地としては全国で初めて、ほぼ完全な形で発見された」[27]とその重要性が認識できる。キリシタン関係の遺構として、これだけ完全に近い形で残っている下藤地区キリシタン墓地は全国的にも貴重な歴史遺産であることがわかる。

そのほかにも、下藤地区キリシタン墓地の東側には、日本一美しい石造十字架と専門家から絶賛された「臼杵市指定有形文化財 寺小路磨崖クルス」が位置している。[28]

臼杵市には、全国的に有名な仏教由来の歴史遺産があるだけでなく、キリスト教由来の歴史遺産もあるが、キリスト教由来の歴史遺産は調査中のものもあり、いまだ効果的な活用に至っていないのが現状である。

Ⅲ　歴史遺産活用と交流人口拡大における現状と課題

1　臼杵市の交流人口を取り巻く現状

独立行政法人国際観光振興機構（ＪＮＴＯ）の調査では、年間訪日外客数は、二〇〇六（平成一八）年七三三万四〇七七人、二〇一一（平成二三）年六二一万八七五二人、二〇一六（平成二八）年二四〇三万九〇五三人と推移している。[29] 観光需要、特にインバウンドの需要が年々高まっているなか、キリシタン文化という世界宗教に由来する歴史遺産をもつ臼杵市の交流人口拡大は、まちの魅力を高め、経済活性化に向けた好機ととらえられる。

臼杵市には全国的に非常に有名な「国宝　臼杵磨崖仏」がある一方で、キリスト教関連の歴史遺産があることはそれほど知られていない。株式会社ナビタイムジャパン「経路検索条件データ」によると、二〇一五（平成二七）年一月から一二月の一年間で、臼杵市内において、施設分類が、観光資源、宿泊施設や温泉、広域からの集客が見込まれるレジャー施設や商業施設に該当する施設で、経路検索された回数は、交通手段が自動車であった場合、「国宝　臼杵磨崖仏」が休日四九三回、平日一二五七回の計一七五〇回と最も多い。この「国宝　臼杵磨崖仏」は、「臼杵城跡」休日八三回、平日一九〇回、計二七三回、「臼杵カントリークラブ」休日五四回、平日二〇一回、計二五五回、「風連鍾乳洞」休日八八回、平日一六四回、計二五二回、「臼杵大佛殿」休日五〇回、平日九七回、計一四七回と比べても、市内ベスト五のなかでも群を抜いて検索されている。[30]

以上から、臼杵市で目的地として検索されている場所は、圧倒的に「国宝　臼杵磨崖仏」で、キリスト教関連の史跡や施設はほとんど検索されていないことが明らかであり、「臼杵といえば石仏」が定着している感がある。しかし、臼杵市には戦国時代からキリスト教との関係が深いという経緯があり、歴史的にも貴重な文化財が存在している。

キリスト教との歴史的な関連でいえば、同じ九州にある長崎県が有名である。長崎では「長崎の教会群とキリスト教関連遺産」が、ユネスコの世界遺産暫定一覧表に登録されており、「国宝　大浦天主堂」「国指定史跡　原城跡」など、国内でも最重要クラスのキリスト教歴史遺産が存在する。「経路検索条件データ」によると、二〇一五（平成二七）年一月から一二月の一年間で、「国指定史跡　原城跡」は、平日二二四回、休日一〇八回、計三三二回も目的地が検索（交通手段：自動車）されている。[31]「経路検索条件データ」から、臼杵市のキリスト教由来の歴史遺産はそれほど注目されていないが、長崎のキリスト教由来の歴史遺産はかなり注目されていることが確認できる。長崎の例から、臼杵でキリスト教由来の歴史遺産の活用を進めれば、交流人口増加につなげていく可能性があると考えられる。

都道府県別の日本人延べ宿泊者数を調査している公益財団法人日本交通公社によると、都道府県別における日本人延べ宿泊者数の前年度比伸び率上位五都道府県は、香川県一一六・四パーセント（二〇一四（平成二六）年三三二万人泊→二〇一五（平成二七）年三八六万六〇〇〇人泊）、大分県一一六・〇パーセント（二〇一四（平成二六）年五七〇万一〇〇〇人泊→二〇一五（平成二七）年六六一万四〇〇〇人泊）、長崎県一一四・三パーセント（二〇一四年（平成二六）六八二万三〇〇〇人泊→二〇一五（平成二七）年七八〇万人泊）、石川県一一四・一パーセント（二〇一四（平成二六）年七一九万五〇〇〇人泊→二〇一五（平成二七）年八二二万二〇〇〇人泊）、富山県一一三・〇パーセント（二〇一四（平成二六）年三三四万七〇〇〇人泊→二〇一五（平成二七）年三七八万三〇〇〇人泊）となっている。宿泊者の需要に関して、臼杵市のある大分県は全国二位の伸び率であることがわかる。[32]日本人延べ宿泊者数データから、少なくとも大分県レベルでは大きな観光需要が今後も期待されるところである。この傾向はしばらく続くことが予想され、今後も観光や旅行に関する関心は高水準にあり、交流人口需要は高く推移することが考えられる。この交流人口需要を臼杵市のキリシタン歴史遺産活用によって、経済活性化につなげることができれば、臼杵市の地方創生に向けた発展の一翼となる可能性がある。

2　臼杵市の歴史遺産活用における課題

　しかし、臼杵市のキリシタン歴史遺産活用には、二つの課題がある。第一は下藤地区キリシタン墓地が未整備ということである。第二はインバウンドへの対応の遅れである。

　第一に関して、下藤地区キリシタン墓地はいまだ調査中の史跡であり、さらに同史跡を整備・活用するうえで「マレガ文書」の調査分析が必要である。マレガ文書とは、二〇一一（平成二三）年にローマ教皇庁バチカン図書館で発見された、およそ一万点の日本のキリシタン関係文書群で、名称は、戦前に豊後地域で史料を収集・研究し、それらを同図書館にもたらしたサレジオ会宣教師のマリオ・マレガ神父に由来する。[33] まずはマレガ文書をはじめとした臼杵キリシタンの解明について取り組み、さらには、臼杵磨崖仏に代表される仏教文化とキリスト教文化における、形を変えた神仏融合によるまちの魅力向上をめざすことが重要である。臼杵市観光振興戦略では、一〇の基本戦略のうち、基本施策八「『臼杵の地域資源』の魅力を磨く」を掲げている。そこでは、「城下町のシンボルともいえる臼杵城址、町八町地域や国宝臼杵石仏、国内最大規模の下藤地区キリシタン墓地については、観光資源としての大きな魅力を有していることから、より一層磨きをかけて魅力を引き立たせます」[34] とそれぞれの資源の魅力を相乗効果で引き出そうとする意図が感じられる。それゆえ、下藤地区キリシタン墓地とマレガ文書の調査分析によって臼杵キリシタン関連の歴史遺産の活用を見据えた魅力を探求することが重要になる。

第二のインバウンドへの対応について、キリスト教は仏教、イスラム教と並ぶ世界三大宗教であることから、仏教とキリスト教の相乗効果を狙うのであれば、海外からの観光集客を意識する必要がある。臼杵市観光振興戦略では、基本施策一〇「広域観光交流の推進」を掲げ、「『三浦按針』など歴史的なつながりのある平戸市や二孝女のつながりのある常陸太田市など、自然や歴史・文化などにおいて関係のある市町村、共通の観光資源を共有する県内外の市町村との連携強化を図ります」[35]と他自治体との連携強化を進めようとしている。戦略が掲げるように広域連携を図るならば、やはり臼杵キリシタンとユネスコの世界遺産暫定一覧表に登録された「長崎の教会群とキリスト教関連遺産」との連携であろう。同じ九州という地理的条件と、臼杵市との歴史的な関連性を考慮すれば、長崎と臼杵の広域連携は観光振興戦略の考え方にも合致すると思われる。

ここで、観光における長崎との関連性をデータで見てみると、臼杵の交流人口にかかわる現状がみえてくる。経済産業省「観光予報プラットフォーム」では、日本全体の宿泊実績データのうち、七〇〇〇万泊以上（二〇一六（平成二八）年一〇月現在）のサンプリングデータ（店頭、国内ネット販売、海外向けサイトの販売）を抽出し、宿泊者数の実績データを算出している。そこで、二〇一五年臼杵市における居住都道府県別の延べ宿泊者数（日本人）の構成をみてみると、上位一〇都道府県は、福岡県四四四人、熊本県三四五人、東京都二七三人、栃木県二二七人、大阪府一六〇人、千葉県一〇八人、愛媛県一〇八人、山口県九九人、広島県九三人、宮崎県八五人である[36]。同じ九州から福岡県、宮崎県、熊本県と三県もランクインしているが、長崎県が入っていないことから、相対的に長崎県からの交流人口が少ないことがわかる。

インバウンドについては、株式会社NTTドコモ・株式会社ドコモ・インサイトマーケティング「モバイル空間統計」二〇一五（平成二七）年一―六月期のデータを参照してみる。大分県滞在直前に滞在した外国人数および大分県滞在直後に滞在した外国人数を、都道府県別に延べ滞在者数でカウントした上位五都道府県は、福岡県が合計三九万三五八〇人（直前一五万七〇八人、直後二四万二八七二人）でトップ、続いて上位から熊本県二二万五一五九人（直前一〇万八四二四人、直後一一万六七三五人）、佐賀県一一万四四七九人（直前一〇万六三二四人、直後八一五五人）、宮崎県四六三二人（直前二三四五人、直後二二八七人）、東京都三七〇九人（直前一六四〇人、直後二〇六九人）という結果である。[37] インバウンドについても、上位に九州の各県が入っているにもかかわらず、長崎県は上位に入ってこない。佐賀県、宮崎県、福岡県等に比べ、長崎県との関連性は薄いといえる。

Ⅳ　交流人口拡大を企図した地方創生への提言

1　仏教文化とキリスト教文化との連携による交流人口拡大

臼杵市では「国宝　臼杵磨崖仏」に突出した集客性があり、観光分野をリードする存在といえる。しかし、臼杵市観光振興戦略会議が指摘するように、臼杵磨崖仏の観光客が減っているのと同時に臼杵市全体の観光客数も減少している。[38]今後、臼杵市の交流人口拡大をめざすには、このまま臼杵磨崖仏の集客力に依存するのではなく、新たな展開を模索する必要がある。臼杵磨崖仏はわが国でも最上級の仏教歴史遺産であるが、仏教と同じく世界宗教であるキリスト教歴史遺産も同じ臼杵に存在することは、二つの世界宗教との関係が深い臼杵市の大きなメリットである。臼杵市には貴重な仏教文化とキリシタン文化が歴史遺産として残されている。二つの世界宗教の魅力を効果的に情報発信していくことがまず第一歩だと思われる。

また、臼杵市観光振興戦略会議は「平成一五年度からグリーンツーリズムの受入をはじめた野津地域では、年々農家民泊への需要が増大しています。特に、国内外の教育旅行がここ数年急増しており、平成一五年度当初は年間一二名でしたが、受人態勢の増加で、現在は一〇倍強の農泊利用者がいることから、今後は観光産業と連携し、さらなる成長が期待できます[39]」と野津地域での民泊需要の重要性を強調している。下藤地区キリシタン墓地が位置する野津地域の民泊需要は、特にインバウンドを意識すれば追い風となるため、下藤地区キリシタン墓地やマレガ文書の調査分析からのキリシタン歴史遺産における早期活用が求められるであろう。

2　長崎県のキリスト教文化との連携

臼杵市観光振興戦略会議は「自然や歴史・文化などにおいて関係のある市町村、共通の観光資源を共有する県内外の市町村との連携強化」を基本施策一〇「広域観光交流の推進」として打ち出している。その考え方と合致するのが「長崎と臼杵の広域連携」である。かつてキリシタンが栄えた地域として、臼杵キリシタンの歴史遺産の魅力は長崎にも劣らないものであるが、延べ宿泊者数と延べ滞在者数のデータで確認したとおり、九州他県と比較して観光分野における長崎県との関連性が薄いことから、長崎との広域連携はキリシタン歴史遺産活用の大きな課題である。臼杵市観光振興戦略会議は、「三浦按針」などの共通の観光資源を共有する県内外の市町村との連携という別の視点から長崎県平戸市との広域連携を打ち出しているので[40]、まずは平戸との連携を起点とするのが望ましい形といえる。

長崎との広域連携をするうえで必ず認識しておくべきことは、バチカンから高く評価されている長崎県のキリスト教文化と潜伏キリシタンという独自の宗教観が受け継がれてきた臼杵市のキリスト教文化との違いである。神田室長は、「長崎県の大村では、転宗しなかったキリシタンのお墓は掘り起こされ、海に沈められた。しかし、臼杵でなぜ墓地が残っていたのか」という疑問に対し、「棄教とお墓を残すことを交換条件にしたのではないか」と推論している[41]。キリスト教の教えを守り通した長崎のキリシタンが海外から評価されている一方で、精神的な側面はともかく、見かけ上キリスト教から転宗した臼杵のキリシタンは、特にキリスト教信者からあまり評価をされていないのではないかと思われる。筆者は乳児の頃からカトリック信者で、信仰こそが最も大切であり、守るべきものだと子どもの頃から教えられてきた。臼杵教会の田口神父は「日本二十六聖人や高山右近は信仰を棄てなかった者として、聖人または福者という評価をバチカンから受けている。臼杵のキリシタンは長崎とは違うと評価されるのは、ある意味仕方のないこと」[42]と語っている。

マレガ文書を残したマレガ神父は、臼杵カトリック教会の初代神父であり[43]、戦前期から日本のキリシタンに関係する古文書を収集した。わが国のキリシタン研究に従事し、キリシタン史跡の発見にも努められた同氏の功績は大きい。なぜなら、全国に広がった檀家政策によって潜伏キリシタンがどういう動きをするのかについて解明の鍵となるのがマレガ文書だからである[44]。マレガ神父の功績であるマレガ文書の調査分析を臼杵の地方創生に生かしていくには、かなりの時間が必要かもしれない。しかし、情報共有などを主な取り組みとした臼杵と長崎の広域連携にはマレガ文書の調査分析が必要だと考える。海外のカトリック信者からは理解されないかもしれないが、先祖を大切にする日本人であればどこか共感できる臼杵キリシタンの魅力を発信していくことが求められる。

注

1　浅見雅一（二〇一六）『概説キリシタン史』慶應義塾大学出版会、二頁。
2　『同上書』。
3　『同上書』。
4　『同上書』。
5　『同上書』四二―四三頁。
6　『同上書』四三頁。
7　『同上書』六〇頁。
8　岡田章雄（二〇一五）『キリシタン大名』吉川弘文館、三六―三七頁。
9　『同上書』三八頁。
10　『同上書』。
11　『同上書』三九頁。
12　『同上書』四九頁。
13　『同上書』。
14　『同上書』四五頁。
15　『同上書』。
16　『同上書』四二頁。
17　宮崎賢太郎（二〇一四）『カクレキリシタンの実像――日本人のキリスト教理解と受容』吉川弘文館、三七頁。
18　『同上書』。

19 『同上書』。

20 二〇一七年一月二四日臼杵市役所にて、臼杵市教育委員会事務局文化・文化財課文化財研究室長神田高士氏に臼杵のキリシタンについてインタビュー調査を行った。

21 岡田章雄『前掲書』三頁。

22 『同上書』三―四頁。

23 『同上書』四頁。

24 臼杵市史編さん室編（一九九一）『臼杵市史（中）』臼杵市、一八六頁。

25 『同上書』。

26 朽津信明・森井順之・伊藤広宣・山路しのぶ・神田高士（二〇一三）「臼杵市・下藤キリシタン墓地における遺構の凍結防止策」『保存科学』第五三号、一〇五頁。

27 臼杵市役所市長室（二〇一七）『広報うすき平成二九年一月号』八頁。

28 臼杵市役所市長室（二〇一三）『広報うすき平成二五年一一月号』二―三頁。

29 独立行政法人国際観光振興機構（ＪＮＴＯ）（二〇一七）「訪日外客数の動向」、http://www.jnto.go.jp/jpn/statistics/visitor_trends/、二〇一七年六月六日閲覧。

30 株式会社ナビタイムジャパン『経路検索条件データ』。なお、検索回数は同一ユーザーの重複を除いた月間のユニークユーザー数。年間検索回数が自動車は五〇回、公共交通は三〇回以上条件に該当した場合の数値である。

31 株式会社ナビタイムジャパン『経路検索条件データ』。

32 公益財団法人日本交通公社（二〇一六）『旅行年報二〇一六』一六頁。

33 国文学研究資料館（二〇一六）「マレガ・プロジェクト」、https://www.nijl.ac.jp/pages/research/marega.html、二〇一六年一二月二日閲覧。

34 臼杵市観光振興戦略会議（二〇一三）『臼杵市観光振興戦略』一一頁。

35 『同上書』一二頁。
36 経済産業省（二〇一七）「観光予報プラットフォーム」、https://kankouyohou.com/、二〇一七年五月二四日閲覧。
37 株式会社NTTドコモ・株式会社ドコモ・インサイトマーケティング（二〇一六）「モバイル空間統計」二〇一五年一―六月期。
38 臼杵市観光振興戦略会議『前掲書』二頁。
39 『同上書』。
40 『同上書』一二頁。
41 臼杵市教育委員会事務局文化・文化財課文化財研究室長神田高士氏への前掲インタビュー調査。
42 二〇一七年一月二四日、臼杵カトリック教会において、田口孝志神父にインタビュー調査を行った。
43 献堂五〇周年記念誌編集委員会（二〇〇六）『キリシタンの里』臼杵カトリック教会、一八頁。
44 臼杵市教育委員会事務局文化・文化財課文化財研究室長神田高士氏への前掲インタビュー調査。

参考文献

浅見雅一（二〇一六）『概説キリシタン史』慶應義塾大学出版会。
臼杵市観光振興戦略会議（二〇一三）『臼杵市観光振興戦略』。
臼杵市史編さん室編（一九九一）『臼杵市史（中）』臼杵市。
臼杵市役所市長室（二〇一三）『広報うすき平成二五年一一月号』。
臼杵市役所市長室（二〇一七）『広報うすき平成二九年一月号』。

株式会社NTTドコモ・株式会社ドコモ・インサイトマーケティング（二〇一六）「モバイル空間統計」二〇一五年一―六月期。

岡田章雄（二〇一五）『キリシタン大名』吉川弘文館。

朽津信明・森井順之・伊藤広宣・山路しのぶ・神田高士（二〇一三）「臼杵市・下藤キリシタン墓地における遺構の凍結防止策」『保存科学』第五三号、一〇五―一一四頁。

経済産業省（二〇一七）「観光予報プラットフォーム」、https://kankouyohou.com/、二〇一七年五月二四日閲覧。

献堂五〇周年記念誌編集委員会（二〇〇六）『キリシタンの里』臼杵カトリック教会。

独立行政法人国際観光振興機構（JNTO）（二〇一七）「訪日外客数の動向」、http://www.jnto.go.jp/jpn/statistics/visitor_trends/、二〇一七年六月六日閲覧。

国文学研究資料館（二〇一六）「マレガ・プロジェクト」、https://www.nijl.ac.jp/pages/research/marega.html、二〇一六年一二月二日閲覧。

国文学研究資料館（二〇一七）「マリオ・マレガ神父」、https://www.nijl.ac.jp/pages/research/marega01.html、二〇一七年一月二六日閲覧。

後藤晃一（二〇一五）『キリシタン遺物の考古学的研究――布教期におけるキリシタン遺物流入のプロセス』溪水社。

株式会社ナビタイムジャパン『経路検索条件データ』。

公益財団法人日本交通公社（二〇一六）『旅行年報二〇一六』。

宮崎賢太郎（二〇一四）『カクレキリシタンの実像――日本人のキリスト教理解と受容』吉川弘文館。

第3章

歴史遺産を活用した地方創生
臼杵城と九州戦国歴史ロマン

I　地方創生と歴史遺産

1　地方創生の目的と臼杵城の活用

近年地方創生が注目を集めている。この地方創生の目的を端的に示せば、少子高齢化による人口減少が特に地方で進むなかで、人口減少を食い止めるとともに人口減少社会に対応した地域づくりを行っていくことといえる。すなわち、大きな課題は人口減少であり、そのための対策を検討していくことが地方創生の目的であるといえる。

地方創生に関する取り組みとして、歴史遺産を活用した地方創生が各地で行われている。歴史遺産を活用した地方創生には二つの視点がある。第一は、観光産業としての歴史遺産の活用である。第二は、住民の地域へのアイデンティティや郷土愛を形成する象徴としての活用である。臼杵市は臼杵大仏をはじめとした多くの歴史的観光資源を有している。そのような歴史遺産のなかで、臼杵城は市の中心部にあり、臼杵市のシンボルとしてこれまで整備されてきた。また、臼杵市は臼杵城が政治的中心であった江戸時代の町割りが今も活用されている稀有な街であり、そのような点からも臼杵城が市民にとって生活の中心的役割を果たしている。

臼杵市が二〇一五（平成二七）年八月に策定した「臼杵市まち・ひと・しごと創生総合戦略」では、臼杵市にはまだまだ宝の山があり、将来の成長・発展の種となるような地域資源を掘り起こす必要があると述べられている。[1]近年、城跡が観光資源として脚光を浴びている。昔から観光資源として脚光を浴びてきた城跡と近年になって脚光を浴びている城跡にはその魅力に違いがある。臼杵城は後者の近年脚光を浴びているタイプに該当する城跡として魅力をもつものと考えられる。「観光産業としての歴史遺産の活用」を中心として、これまでも一定の活用が行われてきた臼杵城が、地方創生により貢献するものとして活用される手法とは？　その可能性について検討していく。

2　観光資源としての歴史遺産

各自治体で進められている地方創生事業において、地域の観光スポットの広報や地域ブランド品の開発がよく行われている。香川県が「うどん県」として県を売り出したことや臼杵市のある大分県が「温泉県」として県を売り出していることはよく知られている。また、いわゆるB級グルメとして、静岡県富士宮市の「富士宮やきそば」などは、地域の知名度を大きくあげ、観光客の誘致に貢献している。

地方創生を地方の活性化として広くとらえるならば、このような取り組みはすべて地方創生に貢献しているといえるが、前述した人口減少社会への対応の視点からみるとどうだろうか。結論から言うと、これらの取り組みは人口減少社会への対応にも貢献しているといえる。

人口減少社会への対応において、各地方自治体は保育所の整備や乳幼児医療費の無料化など、地域住民への福祉サービスの充実に取り組むことが多い。これらも人口減少社会への対応という点において評価されるものであるが、住む人にとって何より必要なものは、そこで生活するための糧であるといえる。どれだけ福祉サービスが充実しても、働く場所がなければ生活することができない。そのための施策として、雇用環境の整備につながる産業活性化が図られる。いわゆる「六次産業化」などの取り組みが行われるのである。

観光の活性化もこのような雇用創出の一つの手段ととらえられる。特に歴史遺産は既存の資源の活用であり、魅力ある歴史遺産であればPR方法を改善することによって、大きな効果を生み出すことが可能である。このような例として、静岡県伊豆の国市の韮山《にらやま》反射炉があげられる。県の発表によると、韮山反射炉の世界遺産登録前（二〇一四（平成二六）年度）の観光客数は一万一七八八人であったが、登録後（二〇一五（平成二七）年度）の観光客は一一万一三〇二人であり、前年比で九四四・二パーセントとなった。[2] 世界遺産への登録が強いインパクトを与える要因になったとはいえ、歴史遺産の観光資源としての力を示しているといえる。しかしながら、ここで着目すべきことは、韮山反射炉は新しく作られた観光施設ではなく、江戸時代末期より地域に存在していたものの注目を浴びていなかった資源であるということである。このような資源の掘り起こしが、地方創生における歴史遺産の活用において重要であることは言うまでもない。

Ⅱ　観光資源として活用されてきた城跡

1　歴史ブームによる脚光

観光資源としての城跡は、以前から観光資源として活用されてきたものと近年の歴史ブームにより脚光を浴びている城跡に分けることができる。まず以前から観光資源として注目されてきた城跡を中心に検討を行っていく。

現在、最も観光資源として活用されている城跡は姫路城であろう。姫路城には多くの国宝建築物が存在しているだけでなく、単独で世界遺産に登録されているわが国唯一の城跡として広く知られている。[3]観光客は国内からだけにとどまらず、海外からも多く訪れている。[4]姫路城の最大の魅力は、優美な天守と櫓や土塀などその他の建造物が残り、唯一といっていいほど当時の城郭の様子をそのまま残した状態であることであろう。本丸だけでなく、二の丸、西の丸など保存されている範囲が広く、訪れた人は江戸時代の城郭の規模の大きさと堅牢さに圧倒される。なかでも大天守は、連立式望楼型五重六階地下一階の構造をもつ当時としても大規模なもので、現存する天守のなかでも圧倒的な存在感と美しさをもつものである。

姫路城以外に来場者数が多い城跡として、大阪城、名古屋城、二条城、首里城をあげることができる。二条城および首里城は世界遺産の構成遺産の一つであり、その他の構成遺産とともに来場者数が多いことがわかる。ここで注目すべき点は、大阪城と名古屋城の来場者数が多いことである。大阪城と名古屋城は、大阪と名古屋という国内・国外の観光客が多く訪れる地域にある。両城跡とも当時としては破格の大きさを誇るものであり、現在も城跡公園として整備されている。両城跡とも大きな天守がそのシンボルとなっている。しかしながら、シンボルとなっている天守はコンクリートによって再建された天守であり、当時の構造を表すものではない。これらは、戦後の昭和三〇年代に戦争からの復興のシンボルとして多くの天守が再建された、いわゆる昭和の天守復興ブームの時に再建されたものである。このような例として、広島城や小田原城など多くの事例をあげることができる。近年では現存する資料を基に当時の天守をできる限り再現した木造天守もあるが、その事例は決して多くない。[5]

このような視点から見ると、大阪城や名古屋城は歴史遺産としての価値によって多くの観光客が訪れているのではなく、その城跡の規模の大きさや立地、天守台に大きくそびえたつ復興天守の見た目の良さによって、来場者を集めていると考えられる。大阪城や名古屋城の復興天守には、多くの鎧や歴史的遺物が収められており、それらの歴史遺産としての価値を否定するものではない。しかしながら、それらは博物館に収蔵されていることと同じであり、その城跡自体を高い価値をもつ歴史遺産として評価し訪れている観光客が多いわけではないと考えられる。つまり、姫路城という例外を除き以前より観光客を集めていた城跡の特徴として、大規模な復興天守をもち、知名度が高く、歴史遺産としてよりも観光地として人気があったといえる。

2　近年注目を浴びている観光資源としての城跡

次に、近年着目されている城跡について検討する。まず姫路城も含めて、天守が現存する城郭である。天守が現存する城郭は、規模が小さいものも含めて一二ある。[6] 全国に数多くの城跡があるなかで、天守が現存するものは一二しかなく、その存在が貴重であり歴史遺産として大きな価値をもつことは明白である。さて、これらは現存一二天守として一括りにされることが多いが、それぞれの天守の規模には大きな差がある。姫路城、松本城、高知城、松江城は天守の規模が比較的大きいが、その他の現存天守の規模は決して大きいわけではない。大阪城や名古屋城の再興天守とは、大きく規模の異なるものである。しかしながら、規模の大きくないその他の現存天守にも近年歴史ファンや城跡ファンが多く訪れている。すなわち、その天守の歴史的価値に魅力をもち、訪れている観光客が多くなっているということである。

さらに近年注目を集めている城跡として、天守が残っていない、それどころかそもそも天守が存在していないような、小規模な山城などの城跡を訪れる人々が多くなっている。巷間では「城ガール」などと呼ばれる女性を含めた城跡ファンが多くなり、数多くの山城巡りガイドブックなどが販売されている。これらの城跡の多くは、建造物が残っていることはほとんどなく、縄張り図などを見ながら遺構を巡るといったものである。このような城跡の代表的なものとして、静岡県の山中城をあげることができる。山中城は戦国時代に北条氏によって建築された城で、小田原城守備のために多く築かれた城の一つである。北条氏の本城でもなく、その規模は決して大きくない。しかしながら、障子堀に代表される当時の遺構がよく残っており、また遺構が確認できるようよく整備されているため、多くの観光客が訪れている。

山中城のようなよく整備された遺構だけでなく、山奥にひっそりとその遺構を残すような城跡にも観光客が訪れるようになっている。これらはトレッキングや登山に近い装備をもち、登山道や整備されていない道なき道を進んで遺構を確認するというものである。一見素人目には単なる山道や斜面に見えても、縄張り図と照らし合わせながら確認していくと、土塁や堀切の跡などを確認することができる。「城ガール」に代表される城郭ファンの多くがこのような山城ファンであることを看過することはできない。

近年注目を浴びている城郭の共通点は、その歴史的価値、雰囲気を体感できる城跡であるといえるだろう。実際に遺構に立ちその構造を確認すると、当時の戦闘施設（防御施設）としての城の意義、実戦的な構造を体感することができる。もし攻められたらいかに守るか、攻城するならばどのように攻めるかを想像することもでき、まさにその当時に自分がいるかのような感覚を得ることができる。このような魅力に近年の城跡ファンは魅せられているのだろう。

3　観光資源としての城跡と歴史エピソード

ここまでみてきたように、観光資源としての城跡は以前のような観光地としての大規模なものだけではなく、小さな規模であっても魅力的な遺構であれば集客できることがわかった。さらに、観光資源として活用するためのキー・ポイントとして歴史エピソードがあげられる。

観光資源として活用されている姫路城や山中城は、その構造に大きな魅力があり、観光客を呼び寄せている。しかしながら、歴史遺産には、その地に由来するエピソードによって集客している遺産もある。たとえば、関ヶ原の合戦跡地や設楽原《したらがはら》の戦い跡地などは、そこに何か構造物や遺構がはっきりと残っているわけではない。このような戦の跡地などは、そこで何が行われたのかというエピソードが歴史遺産としての魅力になっているのである。本能寺の跡地は現在では石碑以外何も残っていないが、訪れる人がいる理由は、織田信長が自害した地であるというエピソード以外考えることはできない。

城郭においても、たとえば城跡の観光客訪問ランキングで上位に入る小田原城は、模擬天守であり遺構がきわめて良く残っているというわけではない。しかしながら、北条氏の難攻不落の名城であり、豊臣秀吉による小田原城攻めという歴史エピソードがその価値を高めているのである。静岡県にある高天神城は遺構のみの山城ではあるが、城跡ファンが一度は行ってみたいと思う城として有名である。その理由はこの高天神城が武田信玄・勝頼親子と徳川家康が激しく奪い合った城であり、遠州の要所、難攻不落の山城として有名であるからである。

このように観光資源として活用していくためには、構造物や構造といった魅力とその地にまつわるエピソードという両面から検討していく必要があることがわかる。このような視点で臼杵城の魅力について分析し、観光資源としていかに魅力的であるかを検証していく必要がある。

Ⅲ　歴史遺産としての臼杵城

1　豊後の戦国大名大友宗麟

臼杵城の活用を検討するにあたって、まず臼杵城の歴史と建築時の城主である大友宗麟について触れる。大友氏は鎌倉時代より豊後（大分県）に本拠を置く一族であり、筑前・豊後の守護などを務めた名門一族である。大友義鎮（法名：宗麟、以下、「宗麟」という）は、一五三〇（享禄三）年に大友氏の第二〇代当主である大友義鑑の嫡男として誕生した。しかしながら、父義鑑は宗麟の母でなく後妻の産んだ弟塩市丸を跡継ぎにしようと考え、大友氏は義鑑派と宗麟派に分裂していく。その結果、宗麟派によって塩市丸とその母を殺害する政変（「二階崩れの変」）が起こり、塩市丸とその母だけでなくこの政変で負った傷が原因で父義鑑も命を落とすこととなる。結果、父義鑑の跡を継ぐ形で宗麟は大友氏の第二一代当主となった。

大友氏は、周防（山口県）を中心として豊前・筑前（福岡県）などの北九州地域にも勢力をもっていた大内氏と長年激しい対立関係にあった。宗麟は大内氏の弱体化に成功し、弟を大内氏の当主に据えることに成功した。結果、大友氏は北九州地域および周防において大きな力をもつ勢力に成長した。また、宗麟は肥後（熊本県）にも進出しその勢力を伸ばした。着実に勢力を広げてきた宗麟であったが、大内氏を滅ぼし中国地方で大きな勢力をもつようになった毛利氏と北九州をめぐる激しい戦いを行うこととなった。この戦いはこののち長く続くこととなる。一五五九（永禄二）年、宗麟は以前より拝命していた豊後・筑後・肥前・肥後の守護職だけでなく、豊前・筑前の守護職と九州探題を幕府から拝命し、名実ともに九州一の勢力となった。

九州一の勢力を誇った宗麟であったが、激化する戦乱のなかでその後衰退していくこととなる。毛利氏およびその影響を受けた国人領主の反乱が相次ぎ、さらには勢力を急速に伸ばした肥前の龍造寺氏との戦いを繰り広げていた。このようななかで宗麟は九州最南端で勢力を強めてきた島津氏が日向（宮崎県）へ進出すると、親類関係にある伊東氏の勢力回復のために日向に進出する。しかしながら、一五七八（天正六）年の耳川の戦いで島津氏に大敗し、大きく勢力を弱めた。宗麟は隠居し息子の義統に家督を譲ったが、島津氏・龍造寺の勢力拡大や内紛によって大友氏は勢力をますます弱めていく。宗麟は隠居するも義統の統治力では家内を治められず、再度実権をふるうこととなる。しかしながら、自らの力のみで勢力を維持することは困難と判断した宗麟は、一五八六（天正一四）年に大坂城で豊臣秀吉と接見し豊臣氏の傘下に入ることとなる。龍造寺氏を滅ぼした島津氏の侵攻はその後も続いたが、豊臣軍が大友氏援護のために大軍を九州に送ったことにより、島津氏も最終的に豊臣傘下に降《くだ》ることとなり、これにより九州の戦国戦乱に区切りがつくこととなった。しかしながら、宗麟は豊臣軍到着後、島津氏が降るまでの戦乱の末期である一五八七（天正一五）年に亡くなったとされている。

2　臼杵城の歴史

鎌倉時代から豊後を支配してきた大友氏の本拠地は、宗麟の時代まで府内（現在の大分市）であった。府内は九州の雄大友氏の本拠地として大いに栄え、大友館と呼ばれる館が本拠として利用されてきた。しかしながら、宗麟は自らの本拠地を府内から臼杵に移すことを決定し臼杵城を築城した。なぜ宗麟が臼杵城へ移ったかについては諸説あるが、国人領主や家臣の反乱が多発しており、大友館よりもより堅固な城を求めて臼杵城を築城したといわれている。

臼杵城の築城年についてはこれまで諸説があったが、近年の発掘調査などの結果により一五五六（弘治二）年であったことがほぼ定説となっている。後述する城の特徴で詳しく説明するが、臼杵城は臼杵湾の最深部に浮かぶ島「丹生嶋」に築城された。丹生嶋は東西延長約五〇〇メートル、南北延長一〇〇メートルの島であり、島に築城されたというよりも島自体を城として活用する構造にあり、まさに海に浮かぶ要塞であった。

臼杵城は宗麟死去の後当主となった大友義統に引き継がれたが、一五九三（文禄二）年に改易される。翌一五九四（文禄三）年に豊臣旗下の武将である福原直高が入城した。その後一五九七（慶長二）年からは同じく豊臣旗下の武将である太田一吉が城主となっている。関ヶ原の戦いにともなう九州での東軍・西軍の戦いを経て、一六〇〇（慶長五）年から西美濃三人衆として有名な稲葉良通（一徹）の息子である稲葉貞通が入城し、以降稲葉家が幕末まで臼杵藩主として城主を務めていくこととなる。

3　臼杵城の立地的特徴とその遺構

臼杵城は前述のとおり、臼杵湾の最深部に浮かぶ丹生嶋に築城された城であった。建築当時は城の西側に臼杵川にそって砂洲が形成され、その砂洲の東側の沖に丹生嶋が浮かんでいた。丹生嶋は溶岩によって形成されており、なだらかな砂浜などがある島ではない。溶岩の切り立った崖が海面からそびえ立ち、周囲を取り囲む海と絶壁に守られた天然の要害であった。

周囲が埋め立てられ現在は海上に浮かぶ島ではないが、溶岩の切り立った壁は今でも臼杵城跡をぐるりと取り囲んでいる。臼杵城跡への訪問ルートとして最も一般的と思われる西側（古橋口）からのルートで臼杵城を訪問すると、市街地から遥かに高い位置にそびえたつ臼杵城を見上げることとなる。特に古橋口からやや南側の堀（臼杵城周辺は埋め立てが行われているが、城の周囲は堀として残されている）を隔てた位置から見ると、目の前に溶岩の切り立った絶壁がそびえ、その上に美しい城壁と櫓（畳櫓）を見上げることができる。この絶壁を見上げれば、臼杵城が難攻不落の要塞であり、陸上から船で渡って上陸戦を行うことがほぼ不可能であることを十二分に認識することができるだろう。

堀に海水を引き込んだ海城[7]や水軍城[8]など、海を利用した城跡は各地に存在している。しかしながら、島全体を城として利用しかつ大名クラスの主城であった保存状態の良い城跡はほぼ無いといっても過言ではなく、臼杵城は非常に珍しく歴史的価値のある城跡であることがわかる。周囲が埋め立てられているからこそ、絶壁のすぐそばまで行くことが可能であり、そのことがこの城の特徴と堅牢さを実感できるポイントとなっている。兵庫県にある竹田城をその天空に浮かぶような様子から「日本のマチュピチュ」と紹介することがある。過大な表現であることを認識したうえであえて言うのであれば、臼杵城は「日本のモン・サン・ミッシェル」と称せるのではないだろうか。

まさに難攻不落のこの外観は、近年の各地の城跡を巡っている歴史ファンであっても、思わず唸らざるを得ないであろう。その絶壁の前に立てば、なぜ大友宗麟がこの地を選び築城したのかを体感することが可能な点が臼杵城の大きな魅力の一つであると考えられる。

4　臼杵城の構造的特徴とその遺構

次に臼杵城の内部構造とその遺構に関する魅力について検証していく。当時最も陸地に近い入り口であった古橋口から城内へは、大人が二人並んで通れる程度の城道を進んでいくこととなる。この城道は溶岩を切り崩して作られた通路であり、両側は身の丈より高い溶岩壁が続いている。通路はまず左に大きく蛇行し、その後いわゆるヘアピン状に曲がって岸壁の上の二の丸方面に進んでいく。このヘアピン状の通路外側の先端部分に城兵が備えていたと考えられるスペースがある。左に蛇行してからこのスペースまで四〇メートルほどだと思われるが、両側が溶岩壁の一本道となっており逃げ場がまったくない。つまり、このスペースに城兵を備えさせた場合、逃げ場のない一本道の正面から射撃されることとなる。この場に立ち想像すると、この城道が防御施設としていかに優れているかを実感することができる。

一本道を登ると現存櫓である畳櫓の前に出る。畳櫓は天保年間に建築された櫓で古い形式である重箱造り[9]である。この畳櫓付近から岸壁の上に立つ臼杵城の主要部となり、畳櫓前を通過すると右手に復元された二の丸への入り口にあたる門である大門櫓がある。しかしながら大門櫓は稲葉氏時代に建築されたものであり、太平の世となってから場内への入城の利便性を高めるために建築されたものである。戦乱期の臼杵城を実感するためにはここで二の丸に向かうのではなく直進し、島の北岸をぐるりと古橋口のほぼ反対側まで城道を進む必要がある。しばらく進むと左手に今橋門の跡と今橋門からの城道を確認することができる。この城道は非常に幅が広く、古橋口からの登り口と様子が大きく異なる。この今橋門からの城道も稲葉氏時代に新たに作られた城道で、利便性を高めるものである。稲葉氏時代より古い時代にはこの城道は無く、陸地にもつながっていなかった。このまま旧の城道を通り島を反対側まで進んでいくと、これまであった石垣が無くなって土の斜面（土塁）へと変化していく。城全体を回ると石垣は城の西側に多く見られることがわかる。石垣は近世城郭の建築手法であり、宗麟時代ではなく福原氏以降に建築され稲葉氏時代に最も整備されたと考えられる。城の東側が海にあたるのに対し、西側は市街地にあたる。つまり市街地から見える部分は石垣が整備されており、防御目的だけでなく藩主の威厳を示すために石垣が整備されたと考えられる。この石垣の歴史的な変遷を見ることができる点が臼杵城の特徴である。一六世紀前半の石垣が全国で利用され始めた時期から一八―一九世紀頃に整備された石垣を確認することもでき、各時代の石垣の特徴がよく表れている。石垣は歴史ファンに人気が高く、この点をアピールすることも歴史遺産として活用していくうえで重要な点となる。また土塁も山城ファンには魅力があり、石垣だけでなく結果的に土塁も残っている点が今となっては大きな魅力となる。

城道を進み島の東まで到達すると天守台の跡に到着する。天守台には石垣が積まれているがこの石垣は一六世紀頃に整備された非常に古いものであると特定されている。近世城郭のように美しく積まれた石垣ではなく、やや乱雑に大きさの異なる石が積まれている様子は非常に無骨さを感じるものである。このような古い天守台の石垣はきわめて珍しく、国内でも肥前名護屋城と並ぶ最も古い形式の天守台石垣といわれており、きわめて歴史価値の高いものである。

天守台を通過すると東側が本丸、西側が二の丸となる。本丸方面に進むと鉄門櫓跡があり一七世紀前半の石垣の特徴を見てとれる。そのまま本丸跡を進み最東端まで行くと亀首櫓跡がある。ここより東側、いまの臼杵市役所方面は当時、海であり櫓の下は岸壁となっている。亀首櫓の名称は島全体が亀のような形をしており、その首部分にあたることから名づけられたという。また、最東端からやや南西に進んだ位置に卯寅口門脇櫓がある。これも嘉永年間に建築された現存櫓で重箱造りである。なおここから通路を降りると海につながっており、大友時代はこちらが大手門であった。大手門が陸地でなく海につながっているという構造もきわめて珍しい構造である。

本丸ではなく二の丸方面に進むと大友宗麟公の碑まで広場を進んでいくこととなる。二の丸跡にはいくつかの櫓跡があるが、往時を感じさせるものは多くない。しかしながら、実は、この二の丸に臼杵城の隠れた特徴がある。一般的に本丸は城の最も高い部分に形成される。本丸は城主が最後に立てこもるところであり、場内に本丸より高い位置があることはほとんど考えられない。しかしながら、臼杵城は本丸よりも二の丸がやや高い位置に存在するきわめて珍しい構造をしている。近年の発掘調査では、この二の丸から宗麟時代の館跡や当時高価であった景徳鎮磁器などが発見されている。宗麟時代に館に火事があったと当時の記録にあるが、その火事のあとも確認されている。すなわち、宗麟時代はこの二の丸が本丸であり、現在の本丸が二の丸であったと考えられるのである。それより後の時代に本丸と二の丸がひっくり返り、天守台が形成されたと考えらえる。これはきわめて珍しい事例であり、大門櫓や今橋門といった近世城郭における利便性向上を示す遺構とあわせて、歴史ファンであればたいへん興味をもつ特徴であるといえる。

ここまでみてきたように、臼杵城は海上要塞としての外観的な特徴を色濃く残し、かつ石垣をはじめとした近世城郭への変遷を確認できるなど、高い歴史的価値をもつ城跡であることがわかる。市街地にある城郭は、明治の廃城後、軍の演習地として利用されるなど遺構をほとんど残していないものが多いなかで、臼杵城は特徴をいまだ残した城跡であり、近年注目を浴びているタイプの城跡に該当すると考えられる。これまで大友宗麟が築城した城として知られてはいたが、全国的によく知られている城跡とは言い難い状況にあった。しかしながら、近年の城跡を訪れる歴史ファンにとって魅力的な城跡であると考えられ、このようなファンを意識した広報活動やより詳細な説明によって、新たな観光資源として活用できると考えられる。

Ⅳ　観光資源としての臼杵城

1　歴史エピソードからみた臼杵城の魅力

歴史遺産を観光資源として活用するためのもう一つの視点として歴史エピソードがあげられる。臼杵城は大友宗麟というキリシタン大名が築いた城という特徴があるものの、城とキリスト教を直接的に結びつける印象的なエピソードがあるわけではない。しかしながら、南蛮文化を積極的に取り入れた先進的な大名である大友宗麟ならではエピソードが臼杵城にはある。それは、日本で初めて攻城戦で大筒（大砲）が使用されたというエピソードである。

一五七八（天正六）年の耳川の戦いで島津氏に大敗し勢力を弱めた大友氏に対して、島津氏は日向侵攻後、一五八六（天正一四）年に豊後へと侵攻してくる。大友家では、宗麟が臼杵城に義統が府内館をそれぞれ拠所として、島津軍と交戦することとなる。しかしながら府内館は島津氏の攻撃を受けて占拠されてしまう。この際、府内では多くの住民が犠牲になったという。それに対して、宗麟は臼杵の住民たちを臼杵城に避難させ、徹底抗戦を行った。臼杵に古くからの文化が今も残り、大友氏への敬愛感情が高いのは、この時の宗麟がとった住民避難があったからだと言われている。島津軍が臼杵城に侵攻してきたものの、臼杵城に大友軍の主力がいたわけではなかった。しかしながら、難攻不落の臼杵城と宗麟の新兵器の使用によって島津軍に攻略を断念させた。

この際使用された新兵器が「国崩し」と称されるフランキ砲である。フランキ砲は宗麟がポルトガル宣教師から購入した大砲であり、わが国最初の大砲であると言われている。フランキ砲は艦砲として利用されていたが、宗麟はこれを臼杵城に設置し、迫りくる島津軍に対して使用し撃退したといわれている。島津軍は臼杵城の攻略を断念し、抑えの兵を残し臼杵城下から撤退した。結果、臼杵城は島津軍が豊臣軍に降伏するまで落城することなく大友氏の存続を可能とした。

臼杵城を攻略できなかった島津軍は、その後の豊臣秀吉の朝鮮の役や関ヶ原の戦いでの敵中突破など、戦国有数の強さを誇る軍として名をはせている。その島津軍を撃退し、かつ撃退に新兵器「国崩し」を使用したことは歴史ファンにはよく知られたエピソードである。このエピソードの舞台が臼杵城であることをよりアピールし、同時に宗麟の住民避難のエピソードをあわせれば、臼杵城の魅力をより一層強めることができると考えられる。

2　臼杵城を活用した地方創生

ここまで見てきたように臼杵城は歴史遺産としての大きな魅力を有するものであり、その活用によって観光資源として地方創生に貢献できるものであると考えられる。城跡を観光資源として活用するメリットは、新たに観光資源を生み出すのではなく、今ある資源を有効に活用するという手法であることから、広報などのPR方法によって比較的大きなコストをかけずに利用することができる点である。新たな観光施設の建設や誘致には莫大なコストがかかり、その活用に失敗した場合には負の遺産としてその後の住民に大きな負担をかけることとなる。既存資源の活用はこのようなリスクが比較的低いというメリットがある。

臼杵城の活用はもう一つの視点である「住民の地域へのアイデンティティや郷土愛を形成する象徴としての活用」にも貢献する。宗麟が住民を臼杵城に避難させ臼杵住民を守ったというエピソードは、今ある臼杵の原点が宗麟の行動と臼杵城にあるということを示している。このようなエピソードがある城跡は決して多くなく、臼杵城特有のエピソードであることを忘れてはならない。

注

1 臼杵市（二〇一五）「臼杵市まち・ひと・しごと創生総合戦略」。

2 静岡県（二〇一五）「平成二七年　夏季の観光交流の動向」。

3 わが国の世界遺産に登録されている城跡としてほかに二条城や首里城があげられる。しかしながら、二条城は単独での登録ではなく「古都京都の文化遺産」の構成遺産の一つとして登録されており、首里城も「琉球王国のグスク（城址）及び関連遺産群」の構成遺産の一つとして登録されている。

4　姫路市の発表によると、二〇一五（平成二七）年度の姫路城入城者数は、過去最多の二八六万七〇五一人を記録し、入城者数が全国の城郭のなかで第一位となった。そのうち、外国人の入城者数も三〇万六三四八人を記録しており、全来場者の約一割となっている。姫路市ホームページ、http://www.city.himeji.lg.jp/koho/press/_35595/_36452/_36607.html、二〇一七年六月一八日閲覧。

5　このような事例としては一九九四（平成六）年に復元された静岡県の掛川城などがある。なお、コンクリートで外観を復元したものを外観復元天守とも言うが、ここでは復興天守に含めている。

6　一般的に現存一二天守とは、姫路城・彦根城・犬山城・松本城・高知城・松江城・宇和島城・備中松山城・松山城・弘前城・丸亀城・丸岡城を指す。

7　このような海城として、中津城、今治城、高松城などが知られている。

8　広島県尾道市因島の村上水軍城などが著名である。村上水軍城以外にも各地の海岸沿いの要衝に海上交通を押さえるための水軍城が築かれていた。

9　重箱造りとは、一階と二階が同じ面積の二重櫓のことである。古式な形式で現存数は多くなく、この櫓自体も貴重な遺構である。

参考文献

豊田寛三他（一九九七）『大分県の歴史』山川出版社。
山本浩樹（二〇〇七）『西国の戦国合戦――戦争の日本史一二』吉川弘文館。

吉永正春（一九八一）『九州戦国史』葦書房。
吉永正春（二〇〇〇）『九州の戦国武将たち』海鳥社。

第4章 文化財を活用した臼杵市の観光戦略と地方創生

地域への視点と広域圏域への視点から

Ⅰ 臼杵市の文化財

1 文化財の現状

文化財という言葉は、今や人口に膾炙《かいしゃ》したものとなっている。この言葉は「文化」と「財」の組み合わせであり、文化財を理解するためには、まず「文化」とは何かを理解する必要がある。それは、我々日本人が、社会の一員として獲得する振る舞いの複合された総体である。そして、これまで日本人の振る舞いが積み上げてきた文化の堆積こそが文化財ということができる。そして、今を生きている我々も、そこに文化財を堆積し続けていかなければならないのである。文化財という用語が普及したのは、一九五〇（昭和二五）年に制定された文化財保護法によるところが大きい。文化財保護法第三条は、「政府及び地方公共団体は、文化財がわが国の歴史、文化等の正しい理解のため欠くことのできないものであり、且つ、将来の文化の向上発展の基礎をなすものであることを認識し、その保存が適切に行われるように、周到の注意をもってこの法律の趣旨の徹底に努めなければならない」と規定している。[1]

文化財保護法による文化財は、①有形文化財、②無形文化財、③民俗文化財、④記念物、⑤文化的景観、⑥伝統的建造物群の分類で定義されている。また、文化財保護法による分類のほか、指定する主体による分類がある。すなわち、国宝、県指定重要文化財、市町村指定重要文化財による分類である。ここではまず、臼杵の文化財の現状について、天然記念物、名勝、民俗文化財を除いた有形文化財を中心に整理する。臼杵市における各指定文化財の現状は図表四―一のとおりである。

臼杵といえば、大友宗麟やキリシタンというイメージが強い。[2]大友宗麟は、一五五六（弘治二）年に丹生嶋に臼杵城を築き、今日の臼杵のまちの礎を築いた人物である。二〇代初めにフランシスコ・ザビエルを府内に招き、大村純忠、有馬晴信とともに天正遣欧少年使節を派遣した大友宗麟は、晩年の一五七八（天正六）年には、キリスト教に対する熱意が高まったことから洗礼を受け、ドン・フランシスコと命名された。このようにキリシタン大名により築かれたエキゾチックなまちというイメージのある臼杵だが、図表四―一の国宝や重要文化財の分野を見てもわかるように、仏教のふるさと、仏教発祥の地

図表4-1　臼杵市所在指定文化財一覧

種類		名称等	数量	分野
国宝		古園石仏ほか臼杵磨崖仏	59躯	仏教
国指定重要文化財		石造宝篋印塔ほか石塔	5基	仏教
		石甲	2箇	古墳
		虹澗橋	1基	橋
国指定史跡	特別史跡	臼杵磨崖仏	5,136.61㎡	仏教
	史跡	下山古墳	13,547㎡	古墳
県指定有形文化財		石塔、三重塔、五輪塔等	1棟、4基	仏教
		板碑	6基	仏教
		石幢	4基	仏教
		鳥居	1基	神社
		調度品	48件（445点）	臼杵藩
		神社本殿	1棟	神社
		絵画（軸）・刀	45幅	仏教・臼杵藩
		住宅・橋	1棟、1基	建築物等
		古文書・古絵図	—	臼杵藩
市指定史跡		禹稷合祀の壇	1基	祭祀
		キリシタン関係	1基、1か所	キリシタン
		横穴・墓地	11基	埋葬遺構
		末広焼窯跡	1基	窯跡
		観音堂跡、千光寺跡	156基	仏教
		庵跡	29基	仏教

（出所）　臼杵市ホームページ「臼杵市所在指定文化財一覧」
http://www.city.usuki.oita.jp/categories/bunya/kyouiku/bunkazai/list/ を参照に筆者作成。

と言われているのである。

このことは、仏教関係、古墳、住宅・橋、神社、臼杵藩関係、埋葬施設、キリシタン関係などさまざまな文化財が存在するなか、二一のうち九が仏教関係であり、半数近くを占めていることからもうかがえる。なかでも、国宝臼杵石仏[3]は、特別史跡に指定されている周辺部分を含めて臼杵市の最も優れた仏教関係の文化財といえる。そのほかの仏教関係の文化財としては塔がある。塔には三重塔、五重塔のように釈迦の舎利をおさめる役割のあるものや、石塔、宝篋印塔、五輪塔など墓にともなう供養塔などが存在する。いずれも、寺院に関係が深い文化財である。県指定重要文化財には、板碑や石幢がある。板碑は、中世に盛んに造立された石製の供養塔である。

2　城下町における寺院の位置づけ

臼杵のまちなかで、最も仏教の歴史を物語る存在は寺院である。寺院は、城下町を構成する一つの要素である。ここでは、国総研資料から、わが国の一般的な城下町の成り立ちについて概観する。当資料では、「近世（およそ安土桃山時代～江戸時代位）においては、戦国大名等の領主の居城を中心として、城下に家臣や領国内の町人（商人や職人等）を集住させた。家臣らが居住する武家地や町人が居住する町人地など、明確に土地の利用区分が設けられ、城を中心に計画的に建設されたのが城下町である」[4]と定義されており、城下町は、城郭、武家地、寺社地および町人地で構成され、これらの構成要素の配置は、城下町ごとに異なっているとされている。通常は、城郭の周辺から、武家地（上級武士から下級武士へ）、町人地と配置され、寺社地は、防衛上の前線に集中配置されることが多い。

このような一般的な例と異なり、一六〇〇（慶長五）年に入封した稲葉氏によって築かれた臼杵の城下町は、臼杵城を中心に、商家が立ち並び、その外側を武家屋敷や寺院が取り囲んでいるという特徴を有している。臼杵藩は、一八七一（明治四）年の廃藩置県まで約二七〇年にわたって存続しており、その城下町の構成は、今の臼杵のまちの基礎となっている。二王座歴史の道は、臼杵市の南西に位置しており、そこには稲葉家土蔵など上級武士の屋敷が立ち並び、旧真光寺など多くの寺院が集まっている。

図表4-2　二王座周辺の寺院一覧

寺院名	所在	宗派	創建
月桂寺（げっけいじ）	二王座197	臨済宗妙心寺派	1608年
見星寺（けんせいじ）	臼杵田町5	臨済宗妙心寺派	1634年
香林寺（こうりんじ）	二王座196	臨済宗妙心寺派	1649年
光蓮寺（こうれんじ）	福良87	浄土真宗本願寺派	1604年
浄元寺（じょうげんじ）	福良東福良574	浄土真宗本願寺派	不明
善正寺（ぜんしょうじ）	二王座213	浄土真宗本願寺派	1602年
善法寺（ぜんほうじ）	二王座224	浄土真宗	1334年
大橋寺（だいきょうじ）	福良平清水115	浄土宗西山禅林寺派	1548年
多福寺（たふくじ）	二王座191	臨済宗妙心寺派	1601年
東光寺（とうこうじ）	海添2392	高野山真言宗	不明
法音寺（ほうおんじ）	二王座256	日蓮宗	1602年
妙見寺（みょうけんじ）	福良581-2	法華宗本門流	不明
龍原寺（りゅうげんじ）	福良平清水134	浄土宗	1600年
蓮乗寺（れんじょうじ）	臼杵248	浄土真宗大谷派	1717年

（出所）筆者作成。

まさに、この地域が商家を取り囲むように配置された武家地と寺社地なのである。このような成り立ちを意識しながら城下町・臼杵のまちなかを歩くと、まちのことをより一層深く理解することができる。

臼杵の城下町の寺社地に所在する寺院の現況は、図表四―二のとおりである。寺院に関する情報は、ホームページによるものであり、宗派についても現在のものである。そのため、創建当時から変更されている可能性を含んでいる。ここから、二王座周辺の寺院の創建は、臼杵城の築城により城下町の整備が始まった時期に集中していることがわかる。

II 国宝臼杵石仏

1 臼杵石仏研究の始まり

豊後地方の石仏研究の嚆矢《こうし》といえるのは、濱田耕作著『京都帝國大學文學部考古學研究報告第九冊豊後磨崖石佛の研究』である。これは、臼杵石仏を初めて体系的に研究したものである。日本における仏像研究は、「従来日本に於ける彫刻史の研究は、殆ど寺院博物館などに襲蔵せられたる遺物に限られて、其の資料は銅像、木造、塑像、乾漆像の類を出づることは稀であった[5]」との指摘のとおり、屋内の仏像が中心であった。一九一〇（明治四三）年に小川琢治と中国の龍門石窟を訪れた濱田は、同じ仏教の伝播をたどりながら、中国において石仏が存在する状況から、わが国にも存在することを確信した。そして、「果たして石材を以て造られた佛像彫刻は、山野に放置せられて、學者が従来之を彫刻史の資料として顧みなかったことが、近年に於いて発見せられたのである[6]」と指摘している。すなわち、わが国においては、屋外の石仏が存在しなかったのではなく、信仰心とともに岩盤に彫り込まれた存在が、江戸時代までは顧みられなかっただけなのである。臼杵石仏を世に知らしめたのは小川である。一九一三（大正二）年に初めて臼杵石仏を実見した小川が、調査結果を学会に報告したことによる。その後、濱田が体系的に研究を承継し、前述した報告書へとつながることになるのである。

2　観光資源としての臼杵石仏の現状

臼杵石仏は、その造立年代には論争があるが、いずれにしても平安中期から鎌倉初期にまでさかのぼる。大正から昭和にかけての臼杵石仏の調査・研究史を研究している仲嶺真信は、仲嶺（一九九七）において、「近代以来、おそらく初めて学会に紹介されたもっとも優れた日本の石仏は、臼杵石仏であろう」[7]と述べている。このように、臼杵石仏の文化財としての価値は、わが国の石仏において、規模、数量、質ともに最高峰であると言われている。一九九五（平成七）年に国宝指定を受けたことは、そのことを裏づけるものである。このことは、同時に観光資源としても優れているということを意味している。

しかしながら、地方における歴史系観光施設の入場者数の減少傾向が続くなか、国宝臼杵石仏も二〇一二（平成二四）年度には入場者数が一三万人を下回るまで減少している。現在も一二万人程度で推移しているとのことである。[8]入場者が減少している理由としては、全国的に歴史系観光施設の入場者が低迷していることに加えて、臼杵石仏が、市街地から離れたところに鎮座していることがあげられる。直線距離でも、臼杵駅から南西に約五・三キロメートル離れており、臼杵市観光協会のホームページでは、バス・タクシーで二〇分と記載されている。

筆者は、二〇一六（平成二八）年一月に臼杵市を訪れた際、駅の無料貸し出し自転車で、国道五〇二号線をひたすら漕ぎ続け、約四〇分で臼杵石仏に到着した。バスもあるようだが、臼杵駅からは一時間に一本、または二時間に一本で、半日しか観光の時間のない旅行者の場合、時間を気にしながらの石仏参拝となってしまう。その点、自転車は大体の時間が想定できるので安心して石仏に参拝し、石仏を鑑賞することが可能である。ただし、帰りの五〇二号線は緩やかな上り坂となるので、帰りのほうが行きよりも少し時間がかかることに留意しておかなければならない。電車で臼杵を訪れて、バスしか移動手段のない旅行者にとって、無料で利用できるレンタサイクルは非常に利便性の高いものと考える。しかしながら、レンタサイクルの利用可能な旅行者は限定される。高齢者や障害のある人などはレンタサイクルを利用することは困難である。こうしたことからも、臼杵を訪れた観光客が気軽に臼杵石仏に参拝できるための交通手段の確保が喫緊の課題であると考える。

Ⅲ　観光振興戦略プランと地方創生総合戦略における文化財の活用

1　観光振興戦略プランにおける文化財の活用

観光振興戦略プラン（以下、「戦略プラン」という）では、臼杵市の観光の現状と課題を整理している。最初に整理されているのは、観光客数の減少である。二〇〇五（平成一七）年度には、ピークの四九万人が臼杵を訪れているが、二〇一二（平成二四）年度には三九万人まで一〇万人減少している。臼杵の代表的な観光施設である臼杵石仏の入場者数についても同様の傾向にあり、二〇〇二（平成一四）年度の二四万人から二〇一二（平成二四）年度は一三万人まで減少している。一方で、野津地域のグリーンツーリズムの需要が増大している。農林水産省は、グリーンツーリズムを「農山漁村地域において自然、文化、人々との交流を楽しむ滞在型の余暇活動」[9]と定義している。農山漁村地域の人々が別の農山漁村地域で余暇を楽しむことは想定しておらず、都市部の住民が農山漁村地域で余暇を楽しむ新しいタイプの観光である。グリーンツーリズムは、これまでの観光と異なり、体験型の観光であることが特徴である。人々の観光に対する意識の変化により、需要が増大しているものである。

　これらの課題を前提として、臼杵市では、二〇一二（平成二四）年度に設置した臼杵市観光振興戦略会議により戦略プランの提言を受けている。戦略プランには、基本理念と五つの重点戦略が掲げられ、一〇の基本施策が提言されている。基本理念は「おもてなし」であり、「お」は「おいしいがあふれる」、「も」は「もう一度と思わせる」、「て」は「ていねいな接客のできる」、「な」は「なつかしい匂いがする」、「し」は「しんせつな情報を発信する」を意味している。臼杵に行けば、日本人が忘れがちな懐かしい歴史文化を感じ、親切な情報や丁寧な接客に触れ、ふぐなどの海の幸、豊後牛などの山の幸を堪能して、また訪れたいと思えるまちづくりをめざしている。

　戦略プランを構成する五つの重点戦略のうち、重点戦略四「地域資源の魅力向上」では、臼杵の食、臼杵の地域資源および臼杵の四季の魅力を磨くことが基本施策として掲げられている。また、重点戦略四では「国宝臼杵石仏や城下町のシンボルである臼杵城、二王座歴史の道といった一級品の観光資源の魅力を更に磨き上げ、誘客拡大に努めます」[10]との目標を掲げており、臼杵石仏、臼杵城および二王座歴史の道を一級品の観光資源として認識している。そして、基本施策八では、臼杵の地域資源として、①臼杵城址やその時代から変わらない町割りをはじめとした歴史的な街並み資源、②平安時代から鎌倉時代にかけてつくられた国宝臼杵石仏、③吉四六《きっちょむ》さんこと廣田吉右衛門、野上弥生子、吉丸一昌および荘田平五郎などの偉人・先人をあげている。[11]そして、「そのなかでも、城下町のシンボルともいえる臼杵城址、町八町地域や国宝臼杵石仏、国内最大規模の下藤キリシタン墓地については、観光資源としての大きな魅力を有していることから、より一層磨きをかけて魅力を引き立たせます」[12]としており、臼杵城址を中心とした城下町、日本が誇る磨崖仏である臼杵石仏および下藤キリシタン墓地を最重点の文化財と認識している。このように、観光資源として、臼杵藩関係、仏教関係、キリシタン関係の文化財がバランスよく存在していることも臼杵市の優位性の一つであると考える。

しかしながら、戦略プランが、それぞれの観光資源がスポット的であり、点から線へ、そして面へとつながっていないことを課題としてあげ、その対策として、臼杵にあるすべての資源を活かす、それぞれお互いが引き継いできた文化を連携し、新たな観光資源とすることを掲げているように、その優位性は十分に活かされていない。優位性を十分活かすためにも、臼杵藩関係の文化財である臼杵城址や町割りを残す城下町、仏教関係の文化財である国宝臼杵石仏および二王座の北側に広がる寺町、キリシタン関係の下藤キリシタン墓地のネットワークの構築が不可欠であると考える。

2　まち・ひと・しごと創生総合戦略における文化財を活用した観光戦略

まち・ひと・しごと創生は、国主導で進められている取り組みである。二〇一四（平成二六）年九月には、内閣府にまち・ひと・しごと創生本部が設置され、一一月にはまち・ひと・しごと創生法が施行された。また、一二月二七日にはまち・ひと・しごと創生長期ビジョンおよびまち・ひと・しごと創生総合戦略が閣議決定されている。まち・ひと・しごと創生法第九条では都道府県に、第一〇条では市町村に、国の総合戦略を踏まえて、地方版総合戦略を策定することが努力義務として規定されたことから、現在、全国でまち・ひと・しごと創生総合戦略が策定されている。臼杵市においても、二〇一四（平成二六）年一二月に、県内でいち早く臼杵市まち・ひと・しごと創生本部を設置し、戦略の取りまとめ作業を行い、二〇一五（平成二七）年八月に臼杵市まち・ひと・しごと創生総合戦略（以下、「臼杵版総合戦略」という）を策定した。臼杵版総合戦略の表紙には、「めざすべき将来のうすき 自然、歴史・文化とともに育んできた『日本の心が息づくまち臼杵』～『おだやかさ』と『たくましさ』を未来へつなぐ～ 一〇〇年後も持続可能なまちをめざして[13]」と臼杵市の将来めざすべき方向性が示されている。

臼杵版総合戦略は、国の総合戦略に則って推進する重点戦略に四つの柱を設けている。[14]

①　地方にしごとをつくり、安心して働けるようにする

② 地方への新しいひとの流れをつくる
③ 若い世代の結婚・出産・子育ての希望をかなえる
④ 時代に合った地域をつくり、安心なくらしを守るとともに、地域と地域を連携する

②では、「さらに、日本の魅力、そして、臼杵の魅力を活かした観光分野も大きな飛躍のチャンスである。幸い臼杵市には、地域資源が宝の山のように眠っている。臼杵市の潜在力をもっと引き出すためには、臼杵市だけで閉じるのではなく、外に向かって地域を開き、外部の良さを取り込み、外部と積極的につながっていくことが重要である。古くからある日本の歴史・文化を海外の人にも知ってもらうための観光戦略も展開する」[15]との戦略が示されている。ここでは、臼杵の観光資源の優位性、周辺地域とのネットワークの重要性が示されている。これらの戦略の達成を評価するＫＰＩとして、観光客人数全体一割増、外国人観光客人数二割増（五年後）を掲げている。

Ⅳ　臼杵市の観光政策における具体的な取り組み

戦略プランや臼杵版総合戦略は、全市的なプラン、戦略であるため、それを達成するための具体的な事業までは掲載していない。ここでは、戦略プランや臼杵版総合戦略を達成するために、臼杵市の観光

政策において取り組まれている具体的な事業、特に、前述した臼杵市の優位性と考えられる臼杵城址を中心とした城下町、二王座周辺および寺町の寺社群と日本が誇る磨崖仏である国宝臼杵石仏の連携に関する取り組みを整理することとする。なお、下藤キリシタン墓地は、現在調査中で公開されていないため、観光への活用には至ってない。

1　観光マップの作成

臼杵市は、さまざまな「うすきあるきＭＡＰ」を作成している。そのなかに「城下町～石仏の里へのサイクリングコース」がある。そのコースは、観光交流プラザをスタートして、八町大路、龍原寺三重塔のまちなかを二か所観光したのち、国道五〇二号を南南西に進む。道中は、日本のどこにでもあるような飲食店やコンビニが立ち並ぶ国道沿いの風景である。臼杵駅前とは異なる風景に、私たちの生活が自動車中心であることを改めて思い知らされる。臼杵石仏の交差点を左折すれば、すぐに駐車場が見えてくる。帰路は、吉丸一昌記念館、歴史資料館、二王座歴史の道とまわり、スタート地点の観光交流プラザに戻ってくるコースである。往復一二・五キロメートル、所要時間二時間三〇分、消費カロリー三一二キロカロリーのサイクリングである。このようなモデルコースの設定およびパンフレットでの広報は、ほとんどの自治体で取り組まれていることであるが、まちなかを散策した観光客を自転車で臼杵石仏へ誘う重要な役割を果たしているのである。

2　無料レンタサイクル

臼杵市内と臼杵石仏間には、バスが運行しているが、前述したように本数に限りがある。時間的にもバスの所要時間二〇分に対し自転車でも四〇分あれば十分臼杵石仏にたどり着ける。観光マップでもサイクリングコースが設定されているように、自転車で十分往復できる距離なのである。無料の自転車は、臼杵駅、観光交流プラザおよびサーラ・デ・うすきで借りることができる。もちろん、臼杵石仏には行かず市内の観光施設をまわるときにも、レンタサイクルは重宝する。雨天時の問題、自転車を利用できない高齢者や障害のある方の問題など、決して自転車が最も優れているわけではないが、臼杵駅に降り立ったバスしか交通手段のない旅行者にとっては、無料でのレンタサイクルは非常に魅力的である。

3　四施設共通券

臼杵市内には、城下町・臼杵を物語る観光施設や臼杵を代表する人々を記念する施設など、優れた観光資源が存在している。このうち、臼杵石仏、旧臼杵藩主稲葉家下屋敷、野上弥生子文学記念館および吉丸一昌記念館の四施設共通券が大人一一〇〇円、小人五四〇円で販売されており、いずれの施設でも購入可能である。それぞれの入場料は、臼杵石仏が大人（高校生以上）五四〇円、小人（小中学生）二

図表4-3　四施設共通券の売上枚数

年　度	小人	大人	合計
2012（平成24）年度	6名	747名	753名
2013（平成25）年度	6名	608名	614名
2014（平成26）年度	13名	490名	503名
2015（平成27）年度	8名	435名	443名
2016（平成28）年度	0名	490名	490名

（出所）筆者作成。

六〇円、旧臼杵藩主稲葉家下屋敷が大人三二〇円、小人一六〇円、野上弥生子文学記念館が大人三〇〇円、小人一五〇円および吉丸一昌記念館が大人二一〇円、小人一一〇円である。四か所すべてをまわると、大人で二七〇円、小人で一四〇円の割引となる。また、臼杵石仏、旧臼杵藩主稲葉家下屋敷、野上弥生子文学記念館の三か所をまわっても大人六〇円、小人三〇円の割引となる。そのほかの組み合わせは、単独で購入したほうが有利である。このことからも、四施設共通券の販売価格は、臼杵石仏に入場することを前提に設定されていることがわかる。すなわち、臼杵石仏とまちなかの三施設のネットワークの構築をめざした取り組みといえる。

四施設共通券の売上枚数は、図表四―三のとおりである。[16] 臼杵石仏の入場者は、二〇一二（平成二四）年度において、すでに一二万九〇七七人と一三万人を割っている。現在も一二万人前後を維持しており、この五年間で大幅な減少は見られない。それに対して四施設共通券は、二〇一六（平成二八）年度は、二〇一二（平成二四）年度の六五・〇パーセントまで落ち込んでいる。前述したように、四施設共通券は臼杵石仏とまちなかの複数の施設に入場することを前提として金額が設定されている。すなわち、四施設共通券を購入した人は、必ず臼杵石仏とまちなかの施設に入場しているのである。臼杵石仏の入場者が大きく変わらないなか、四施設共通券の売上枚数が減少していることは、臼杵石仏のみに入場する人が増え、臼杵石仏とまちなかの施設の回遊性が弱まっていることを示している。

4　その他の取り組み

食事やお土産の点では、臼杵城址を中心とした城下町、二王座周辺と臼杵石仏の連携は特に見られない。市中心部では臼杵の名物であるふぐが堪能できる。臼杵石仏にある飲食店では、臼杵が全国でも有数の太刀魚の産地であることから、農林水産大臣賞を受賞した一本釣りの太刀魚を使ったB級グルメ「たち重」を食べることができる。臼杵は醸造のまちでもあり、地元の醤油を使い蒲焼風に仕上げている。このように、臼杵のまちなかではA級グルメのふぐ、臼杵石仏ではB級グルメのたち重が楽しめるようになっている。これは、臼杵石仏は、営業時間が四月から九月までは一九時まで、一〇月から三月までは一八時までであることから、昼食がメインの営業となっていることによる。

お土産については、まちなか、臼杵石仏ともに充実している。特に、臼杵市観光ＰＲキャラクターの「ほっとさん」は、臼杵のどこに行っても、私たちを温かく迎えてくれる。

V　観光資源としての文化財を活かす臼杵版地方創生

1　二つの視点のネットワーク

第一の視点は、虫の目による「市域内の強みを活かすネットワーク」である。戦略プラン、臼杵版総合戦略では、臼杵市には、臼杵城址を中心とする城下町、臼杵石仏および下藤キリシタン墓地など、地域資源が山のように眠っていることが確認できた。すでに、臼杵城址を中心とする城下町と臼杵石仏においてはネットワークが構築されている。今後は、さらなるネットワークの強化および野津町に所在する二〇一一（平成二三）年に発見された国内最大規模の四九基のキリシタン墓である下藤キリシタン墓地とのネットワークの構築が期待されている。

第二の視点は、鳥の目による「弱みを補完する県内他都市とのネットワーク」である。現在、日本全国で取り組みが進められているまち・ひと・しごと創生では、基本理念を実現するため、国、地方自治体および事業者には相互連携と協力の努力義務がある。臼杵版総合戦略においても、外に向かって地域を開き、外の良さを取り込み、外部と積極的につながっていくことが指摘されている。すでに、九州北東部において唯一の中核市である大分市を中心として、大分都市広域圏ビジョンにより、別府市、臼杵市、津久見市、竹田市、豊後大野市、由布市、日出町の連携が取り組まれている。今後は、臼杵市周辺の観光資源との最適な組み合わせによるネットワークの構築が期待されている。

2　さらなる地方創生の進展

市域内の強みを活かすネットワーク

臼杵城址を中心とする城下町と臼杵石仏は、歴史的な時代や学術的な背景においては直接つながるものではない。しかし、臼杵市全体の観光という視点では、当然にネットワークを構築すべき資源であり、すでにネットワークの構築が取り組まれている。さらなるネットワークの強化のために次の二点を提案する。

一つ目は、市域内をつなぐ交通の充実である。現在の路線バスに加えて、観光客の足となるコミュニティバス、乗り合いタクシーなどの交通機関が望まれるところである。地域の人々の交通手段であるコミュニティバス等を観光にも活かすという発想は、地域の人々と観光客との交流を生み出すという副次的な効果も期待できる。当然、無料のレンタサイクルも充実させていく方向が好ましいと考える。

二つ目は、臼杵の食を売り出すことである。観光にとって、宿泊客の確保は重要である。そのため、臼杵石仏での昼食とまちなかでの夕食のコラボレーションを提案する。臼杵石仏の周辺では営業時間の関係で夕食をとることが不可能である。そのため、石仏参拝と昼食、まちなかでの夕食のプランが考えられる。臼杵石仏でのたち重、蓮料理に加えて、夕食には臼杵名物のふぐを提供する。

弱みを補完する県内他都市とのネットワーク

大分都市広域圏ビジョンでは、新たな回遊型観光の振興として、「別府・湯布院といった全国屈指の観光都市を核として、温泉や歴史・文化、都市型観光を融合させた新たな回遊型観光を提案することにより、圏域全体の観光振興を図ります」[17]とめざすべき姿を示している。しかしながら、臼杵市が、大分市を挟んで県北部の別府・湯布院と連携することは、地理的に見ても困難をともなうものと考える。ここで考えられるのは県南部での連携である。すなわち、大分県南部の日豊海岸に位置する臼杵市、津久見市および佐伯市による連携である。すでに、この三市においては、二〇〇七（平成一九）年八月に、日豊海岸ツーリズムパワーアップ協議会を立ち上げ、ぶんご丼街道などに取り組んでいる。これは、臼杵市、津久見市および佐伯市の三二店舗で、日豊海岸で獲った新鮮な魚介類を使用した地域の丼を味わうことができるイベントで、丼という切り口により三市の優れた食材のネットワークを構築したものである。ここでは、さらなるネットワークの強化のために、弱みを補完するという視点から提案する。

それは、津久見市との異種の観光資源による連携である。すなわち、それぞれの自治体がもっていないものを周辺他都市とのネットワークの構築により補完しあうという発想である。津久見市は、江戸時代は臼杵藩と佐伯藩の一部であったが、歴史を物語るものは、臼杵市と佐伯市に残ることになったため、ほとんど存在しない。しかしながら、津久見市では現在、うみたま体験パーク「つくみイルカ島」が人気を博している。大分マリーンパレス水族館「うみたまご」と津久見市のコラボレーションにより誕生した施設で、自然の海に多くのイルカが暮らしている。イルカと遊んだり泳いだりできるさまざまな魅力的なプログラムが用意されている。臼杵市の歴史的な観光資源と津久見市のイルカとのふれあいの連携は、両市にとって非常に有益であると考える。この連携では、想定される交通手段は車である。そのため、車移動を前提としたプランの作成などを検討する必要がある。

Ⅵ　地域への視点と広域圏域への視点から

今後のさらなる地方創生の進展のために、臼杵市では、虫の目で自分たちの足元にある市域内の観光資源としての文化財のネットワークを強化すること、そして、鳥の目で自分たちの市を含む広域な範囲で、他都市の強みである異なる分野の観光資源により自分たちの弱みを補完するネットワークを強化することが重要である。一気にネットワークや連携に進むのではなく、ネットワークや連携を協議するなかで、自らの市の強みと弱みは何か、周辺自治体の強みと弱みは何かを十分に認識したうえで、強みを活かすネットワークと弱みを補完するネットワークを総合的に検討する必要がある。

注

1　文化財保護法は、一九四九（昭和二四）年一月二六日の早朝に解体修理中の法隆寺金堂から出火し、日本最古の仏教壁画が焼損したのを機に制定された。

2　臼杵市観光協会ホームページの歴史の項を参考とした。http://www.usuki-kanko.com/、二〇一七年六月二三日閲覧。

3　臼杵石仏は、自然の崖などに仏像を彫ったもので磨崖仏である。そのため、臼杵磨崖仏と表示されることもあるが、臼杵石仏の表示で統一した。

4　国土交通省国土技術政策総合研究所（二〇一三）、一七頁。

5　濱田（一九二五）、一頁。

6　『同上稿』。

7　仲嶺（一九九七）、一頁。

8　臼杵市前総務部長 日廻文明氏に二〇一七年六月一七日に実施したヒアリングによる。

9　農林水産省ホームページ、http://www.maff.go.jp/j/nousin/kouryu/kyose_tairyu/k_gt/、二〇一七年六月二三日閲覧。

10　臼杵市（二〇一三）、一〇頁。

11　『同上稿』一一頁。

12　『同上稿』。

13　臼杵市（二〇一五）、表紙。

14　『同上稿』七〇―七三頁。

15 『同上稿』七一頁。
16 日廻前総務部長からご教示いただいた。
17 大分都市広域圏推進会議（二〇一六）、二〇頁。

参考文献

臼杵市（二〇一三）「臼杵市観光振興戦略プラン」。

臼杵市（二〇一五）「臼杵市まち・ひと・しごと創生総合戦略」。

大分都市広域圏推進会議（二〇一六）「大分都市広域圏ビジョン」。

賀川光夫編（一九九五）『臼杵石仏——よみがえった磨崖仏』吉川弘文館。

国土交通省国土技術政策総合研究所（二〇一三）「資料第七一三号　歴史まちづくり手引き（案）」。

仲嶺真信（一九九七）「大正期における臼杵石仏の研究について」『芸術学論叢』（別府大学）第一一号、一—三八頁。

濱田耕作（一九二五）「豊後の磨崕石佛研究」『京都帝国大学文学部考古学研究報告』第九冊、一—一四六頁。

第5章

臼杵の食育文化を基礎とした地域ブランド創出

土づくりから展開する有機農業振興施策を中心に

I 食の重要性と地域ブランド創出の可能性

GPDデフレータを見ると、一九九九（平成一一）年から日本経済は継続的な物価下落の状況に陥った[1]。デフレ経済下では、供給側は物価下落によってコスト圧縮を迫られることになり、コスト圧縮の一環として賃金の抑制・下落が発生する。その循環、いわゆるデフレスパイラルにより、この一連の物価下落・賃金下落が継続し、実体経済のさらなる悪化とそれによる地価・株価の下落を招くことになる。その結果、資産デフレの加速はバランスシートの棄損を招き[2]、さらなる経済悪化を加速させることとなった。

製造現場では、物価下落によるコスト圧縮圧力があった。国民は生活防衛に追われ、「コスパ」の言葉の流行が示すように、より低価格のものを求めるようになった。「コスパ」はコストパフォーマンスの略語であり、本来は製品品質に比べてコストが適正かどうかを表す言葉である。しかし、デフレ経済下では、低価格の代名詞となり、品質はさておき価格の安いものを求めることとなった。そしてその裏には、品質は一定という暗黙の理解があったのではないか。品質への信頼は、これまでにものづくりのなかで築いてきた日本の製造現場における努力のたまものである。コスト削減のために品質を下げたり代用品に置き換えたりする行為は、そうした「品質の信頼」という暗黙の国富をデフレにより吐き出したといっても過言ではない。なぜ品質を置き去りにしてまで価格を下げることになったかを考えれば、企業は生き残るためになりふり構わずコスト削減に邁進せざるを得ず、デフレはそれほどまでに過酷であったといえよう。

もう一つ、人々が生活防衛のなかで生み出してきたのが「時短」である。簡単に調理できる材料や調味料、あるいはおおむね調理済みの食品、レトルト食品などがそれである。生活の効率性、つまりは勤務や労働に充てる時間を確保するために、食事や食事を用意する時間を「節約」する考え方である。デフレ下で給与が減少するなか、より多くの金銭を獲得するために、食に関する時間や手間を削減し、効率的に収入を得るための方法が「時短食品」といえる。ところが、時短のために、本来の食品とふれあう時間を削減し、食をただ食べるだけの行為にしてしまった感がある。あるいは、効率性をひたすら求めるがために、食を振り返る余力がなかったとも考えられる。

このように約二〇年になろうとするデフレ経済は、わが国の経済、特に食文化をむしばんできた。その一方で、食文化の荒廃を憂い、原点へ回帰する動きも出始める。それは、効率性信仰への抵抗として、ファストフードに対して唱えられた「スローフード運動」である。スローフード運動は、一九八六（昭和六一）年にイタリアのカルロ・ペトリーニによって提唱され、わが国では二〇〇〇年代に浸透してきた考え方である。スローフード運動は、多国籍企業や安い輸入品に反対する反グローバリズムの考え方のもとに、地元の農家から食材を調達することで地域経済を守ることを主眼に置いている。この考え方はわが国における「地産地消」の考え方にも通底し、地場産品の直売所や道の駅などの地元産品販売が興隆することとなる。二〇〇九（平成二一）年時点での農産物地産地消等実態調査では、こうした農産品直売所が、一万六八一六か所あり、年間総販売金額は八七六七億円に上る。直売所の運営は農協が全体の三二・一パーセント、次いで生産者・生産者グループが二八パーセントと、この両者で約六割を占めている。農産品直売所では生産者がわかるように明示されており、農産品への安心感を醸成している。

食品への安全性・安心感を求める動きは、それを揺るがせにする事件が起きたことへの反応である。古くは農薬使用問題、また近年は特に、雪印乳業食中毒事件、ＢＳＥ問題、中国製餃子へのメタミドホス混入事件などが発生し、加工食品も安全ではないとの意識が芽生えたことによる。このような消費者の不安心理は、有機野菜や有機農業への支持につながった。海外でもオーガニック食品に対する関心は高く、その流れもわが国でのオーガニック市場の広がりへとつながっている。

これら関心の高い「食と農」「食育」の問題について、臼杵市の取り組みからその解決策について考察する。代用品はあくまで「ニセモノ」であり、それに気づいた人々が本物を求めるために動き始めている。臼杵市の食と農を表す言葉に「ほんまもん」がある。本来の食文化・農業を再考する動きとして、注目されている。本物と手軽さはトレードオフの関係にあり、現代社会に「ほんまもん」を追求することは経済的問題からも容易ではない。

しかしながら、これまでの経済性・効率性一辺倒から、そのなかで忘れていた本当の農産品をはじめとする素材のおいしさを求める動きは、食を単なる栄養補給手段から、豊かな食文化への回帰であるともいえる。臼杵市の食と農業への取り組みに焦点を当て、地域の農業の振興がいかにあるべきかを検討する。

Ⅱ　有機農業の現状

1　有機農業の定義

いわゆる「有機農業」にはさまざまな取り組みがなされている。二〇〇六（平成一八）年に「有機農業の推進に関する法律」が制定され、そのなかで有機農業は「化学的に合成された肥料及び農薬を使用しないこと並びに遺伝子組換え技術を利用しないことを基本として、農業生産に由来する環境への負荷をできる限り低減した農業生産の方法を用いて行われる農業」と定義されている。

2　農林水産省の取り組み

有機農業は、もともと環境保全型農業として一九九二（平成四）年から全国的に推進されてきた。環境保全型農業とは、農業のもつ物質循環機能を活かし、生産性との調和に留意しつつ、土づくりなどを通じて化学肥料・農薬の使用等による環境負荷の軽減に配慮した持続的な農業と位置づけられている。一九九九（平成一一）年には「食料・農業・農村基本法」が制定され、農薬および肥料の適正な使用の確保や家畜排せつ物等の有効利用による地力の増進等により、農業の自然環境機能の維持増進を図ることとされている。二〇一五（平成二七）年三月には、新たな「食料・農業・農村基本計画」が策定され、有機農産物について、地域の気象、土壌条件等に適合した技術体系の確立、普及や実需者と生産者とのマッチングなどにより生産拡大を推進することとされている。

一方、有機農業に関しては、一九九九（平成一一）年に「持続性の高い農業生産方式の導入の促進に関する法律」が制定され、堆肥などによる地力の維持・増進と化学肥料・化学合成農薬の使用低減に一体的に取り組む農業者を支援することとした。こうした農業者はエコファーマーとして認定し、持続性の高い農業生産方式を導入する農業者に対しては、金融上の支援措置などが受けられるよう制度を用意した。これまでの慣行的な生産方式（慣行農業）が稲わらのすき込みや、化学肥料・化学合成農薬の使用によっていたのに対し、持続性の高い農業生産方式では、土壌診断に基づく堆肥の適切な施用による地力の維持・増進や、化学肥料・化学合成農薬の使用を低減させるなど、土づくりと低化学肥料・低農薬へと変えることを主眼としている。

二〇〇六（平成一八）年には「有機農業の推進に関する法律」が制定され、その翌年の二〇〇七（平成一九）年に農林水産省は「有機農業の推進に関する基本的な方針」を公表した。二〇一四（平成二六）年四月には新たな「有機農業の推進に関する基本的な方針」が示された。基本方針では、有機農業は環境との調和や消費者の需要に即した取り組みであるが、品質や収量が不安定で消費者や実需者の理解が十分でないため、有機農業施策推進のための基本事項を定めることとしている。基本方針では、①農業者が有機農業に容易に従事できるように有機農業に関する技術の確立・普及、②農業者その他関係者が有機農業により生産される農産物の生産・流通・販売に積極的に取り組むための施策、③消費者が容易に有機農業により生産される農産物が入手できるよう当該農産物の生産・販売・流通・消費に関する情報の受発信や有機農産物等の適正表示の推進、④食育や地産地消、農業体験学習、都市農村交流等の取り組みを通じて有機農業者その他の関係者と消費者との交流・連携の促進、⑤農業者その他の関係者の自主性を尊重することを定めている。

具体的施策としては、既存農業者の有機農業への転換を支援するための措置や新たに有機農業を行おうとする者の支援、有機農業により生産される農産物の流通・販売面の支援、有機農業に関する技術開発等の促進、関係機関・団体との連携・協力体制の整備等があげられる。

基本方針では、おおむね二〇一八（平成三〇）年度までに、有機農業の拡大として耕地面積における有機農業の取り組み面積を〇・四パーセントから一パーセントに倍増させること、安定的な品質・収量を確保できるよう有機農業の技術体系を確立すること、有機農業の指導普及体制を一〇〇パーセント整備すること、有機農業を知る消費者の割合を五〇パーセント以上に引き上げることを目標としている。

3　有機農業の現在の状況

農林水産省によれば、有機農業の生産面積はゆるやかに増加しており、二〇一五（平成二七）年推計では二万六〇〇〇ヘクタールとなっている（農林水産省二〇一七）。しかし、耕地面積全体からみればわずか〇・六パーセントを占めるにとどまっている。有機農業従事者は農業全体の平均年齢より七歳ほど若く、約半数が六〇歳未満である。新規就農希望者の三割が有機農業での就農を希望している。慣行農業者の五割は、生産技術の確立など条件が整えば有機農業に取り組みたいとの結果も出ている[3]。

有機ＪＡＳマークをつけた有機野菜の販売価格は、慣行栽培の一・五倍前後で取引されている。また消費者の一八パーセントがすでに有機農産物を購入しており、六五パーセントが条件（安定供給・価格）に合えば購入したい（農林水産省二〇一七）としており、消費者の八三パーセントが有機農産物に[4]

肯定的な意見をもっていることがわかる。

また、生産力や市場環境については、他の先進国における有機農業の生産面積はわが国より多く、市場規模も、欧州が三・七兆円、米国が三・八兆円とわが国の一三〇〇億円をはるかに凌いでいる。国内の有機農業の推移については、有機JAS圃場は畑を中心に増加傾向にあり二〇一六（平成二八）年四月一日現在で九九五六ヘクタールである。県別でみると、北海道が最も多く二四五〇ヘクタール、次いで鹿児島県五九九ヘクタール、熊本県五七九ヘクタールである。逆に少ない順では、東京都二ヘクタール、神奈川県一七ヘクタール、岐阜県一八ヘクタールである。有機JASの格付けを取得した農産物の収量も二〇〇一（平成一三）年以降でおおむね増加傾向にある。二〇一五（平成二七）年の有機農産物の格付け実績では、野菜四万二三八六トン、米八八三一トン、果実二二九八トンの順で、合計六万五八四トンとなっている。

一方、有機農業政策にも課題がある。まず、有機JASの課題として、認証機関に提出する膨大で詳細な栽培記録や、毎年認証の更新のための審査費用が農家の負担になっていることがあげられる。有機JASマークのシール代やパッケージ費用も農家の負担となっており、有機農業への転換・参入の障壁になっている。農業者によっては基準に達する有機栽培をしているにもかかわらず、あえて有機JAS認定を取得しないケースもある。有機農業は、農薬・化学肥料不使用のため収量が不安定で、栽培上の病害虫等のリスクも高いため、参入をためらう要因にもなっている。このほか、販売者・消費者による見た目重視の「きれいな野菜」を求める傾向がある。輸送時の効率性や取引価格への影響などの理由から、規格化された、大きさのそろった野菜が求められる。海外ではふぞろいな野菜が一般的に販売されていることもあり、販売者・消費者の意識を転換する必要性が指摘されている。

これらの課題を解決するため、前述のとおり国による有機農業施策が展開されているが、目下のところ推進の途上といえる。

Ⅲ　臼杵の食育文化と農林水産業振興

臼杵市における有機農業の取り組みの特徴的な点は、有機農業による生産のみにフォーカスしているのではなく、土壌づくり、生産、加工・販売、食育と各フェーズに対して施策が展開されている点である。臼杵市の食育文化と農業振興の取り組みを時系列的に追うと、その端緒は合併前にさかのぼる。二〇〇〇（平成一二）年九月、地産地消の取り組みとして、「給食畑の野菜」の取り組みを開始した。二〇〇二（平成一四）年八月には、臼杵市環境保全型農林振興公社を設立した。

二〇〇五（平成一七）年に臼杵市は大きな転機を迎える。同年一月一日、旧臼杵市と野津町が合併を行った。このことにより、臼杵市は農業後背地を抱えることとなり、農業施策の重要性が高まった。同じ年の五月には「ほんまもんの里うすき」農業推進協議会が設立され、二〇〇七（平成一九）年四月に、臼杵市ほんまもんの里農業推進センターが開設された。二〇〇九（平成二一）年四月には、臼杵市土づくりセンターの建設に着手し、その間に二〇一〇（平成二二）年三月、「ほんまもんの里みんなでつくる臼杵市食と農業基本条例」を制定するとともに、同年四月、農林振興課内に有機農業推進室を設置し、その推進体制を整えた。また、同年八月、臼杵市土づくりセンターが稼働し、二〇一一（平成二三）年五月、土づくりセンターで生産された「うすき夢堆肥」を販売開始した。この土づくりセンターの整備を契機として、臼杵市の有機農業の大きな柱である「土づくり」の体制が整備された。

二〇一一（平成二三）年の一一月には、臼杵市長が有機農産物を認証する、「ほんまもん農産物認証制度」が発足し、翌二〇一二（平成二四）年一月「ほんまもん農産物」として認証された農産物の販売が開始された。同年六月、「ほんまもんの里みんなでつくる臼杵市食と農業基本計画」を策定し、二〇一〇（平成二二）年の条例制定を受けて有機農業の推進と各施策の取り組みを整理した。

こうした臼杵市の有機農業に対する実際の取り組みをドキュメントで追った映画「一〇〇年ごはん」（大林千茱萸《ちぐみ》監督）が二〇一四（平成二六）年に公開された。この映画は、臼杵市の有機農業をテーマに、現在の市民と未来の市民の対話から臼杵市民の未来像を描いている。また映画では、臼杵市における現在の取り組みを記録し、ビジョンとしての有機農業の将来像を映像として示している。

二〇一五（平成二七）年八月三日、地方創生の地方版「臼杵市版まち・ひと・しごと創生総合戦略」を公表し、総合戦略の取り組み事業として「有機の里うすき」を位置づけた。翌二〇一六（平成二八）年四月、地方創生事業である地域おこし協力隊の有機農業隊員として二名が着任した。二〇一七（平成二九）年四月からさらに一名が着任し、三名体制で有機農業に従事している。

資料5-1　臼杵市土づくりセンター

（出所）　臼杵市土づくりセンターホームページ
http://www.yumetaihi.jp/p1.html、2017年6月15日閲覧。

臼杵市での有機農業施策の流れを見るとおり、市の取り組みは地産地消から始まっている。有機農業の推進が当初から取り組まれたわけではなかった。時系列的には個別の事業が先行している。しかしながら、環境保全型農業を志向していたことが、のちに「有機の里うすき」として収斂されている。これらの政策は、野津町との合併を契機に有機農業へのシフトを加速させている。条例の制定と前後して、有機農業施策の核となる土づくりセンターが開設された。臼杵市の有機農業政策はこの土づくりセンターを起点として、生産される「うすき夢堆肥」で土壌を改良し、有機農業で生産された農産物をほんまもん農産物認証制度によって一定の水準を確保しつつ、農産物の加工・販売を推進していくという一貫体制を構築している。これとリンクする形で、「給食畑の野菜」を学校給食へと提供し、臼杵市の子どもたちに地元産の有機野菜を食べる機会をつくり、有機農業を食育へとつないでいる。

Ⅳ　土づくりセンターを中心とした食育文化の醸成

1　土づくりセンター

臼杵市土づくりセンターは、臼杵市野津町に位置し、有機農業に適した完熟堆肥の年間生産能力三〇〇〇トンの施設で、県営野津地区農村振興総合整備事業で整備された地域資源利用活用施設である。事業費は約六億円で、事業費の負担割合は国費二分の一、県費四分の一、市負担四分の一である。土づくりセンターは四五八八・七一平方メートルの建物面積を有し、資材置き場、破砕・膨潤施設、原料調整槽、一次発酵槽、二次発酵槽、熟成槽、ストックヤード、脱臭槽を有する施設である。ここで生産される完熟堆肥「うすき夢堆肥」は、市内から得られる原材料を主体とし、破砕・膨潤処理をしたのち、六か月の熟成期間を経て堆肥として主に市内に出荷される。

まず、原材料の一つである草木類は、シルバー人材センターや契約した造園業者らが木材や伐採した枝葉を搬入し、破砕機で細かく粉砕する。その後、膨潤機で粉砕した草木類を水分・熱を加えてすり潰す。この膨潤機による草木の堆肥化は通常二年かかるところを半年程度で完熟させる。膨潤機にかけた草木類八割に対し、豚糞二割の割合で原料調整槽に混ぜていく。季節により水分量の調整が必要になる。混ぜられた原料を一次発酵槽に移し、二五日かけて発酵させる。一次発酵槽は巨大で、次々と原料が追加されるため、天井の撹拌機《かくはん》を使い、撹拌しながら施設の奥へとコンベア式に押し出す。毎日四トンの豚糞が搬入されるため、原料調整槽、一次発酵槽はビニールで密閉して臭いが出るのを防いでいる。豚糞の成分で鉄骨が腐食するため、センターの鉄骨にウレタン塗装をして錆《さび》を防止している。臭いに関しては、センター周囲の方々のご意見もあるため、協議しつつ対策をしている。

一次発酵槽で完成した原料を、二次発酵槽にホイルローダーで積み上げる。二次発酵槽は九区画あり、撹拌しないと発酵が進まないことから二〇日に一度程度、異なる槽に移し替えを行い、これを三回繰り返して六〇日間発酵させる。酸素が十分行きわたるよう床の通気配管から酸素を送り出している。ここでは発酵による熱が発生し、八〇度程度で安定するよう管理している。その後、熟成槽・ストックヤードで二～三か月完熟させ、臭いのない完熟堆肥が完成すると、袋詰めするなどして出荷している。堆肥の袋詰め工程は、開設当初設置されていなかったが、市単独事業で追加している。一〇キロ袋を人力で袋詰めしている。自動の袋詰め機は高価なため、導入を見送り人力での対応となっている。

土づくりセンターは市営であるが、指定管理者として臼杵市環境保全型農林振興公社に管理業務を委託している。歳出は、センター運営経費として年間約三〇〇〇万円、歳入として肥料の販売、売電で約一〇〇〇万円となっており、差し引き二〇〇〇万円は市の負担となっている。

「うすき夢堆肥」は市内向けに一トンあたり五〇〇〇円で販売されている。市内農家に対しては、臼杵市環境保全型農林振興公社による運搬・散布のサービスがある。収支が合うためには、一トンあたり一万五〇〇〇円が必要となっている。市費を投じて堆肥を生産しているため、当初、市内向けのみに販売していたが、市外からも引き合いが多く、市外向けには一トンあたり一万五〇〇〇円で販売している（一〇キロ入り袋では三〇〇円）。臼杵市民には、政策的に安い価格で堆肥を提供している。完熟堆肥は、農家が個人で作ると二年程度必要だが、土づくりセンターは破砕機や膨潤機を導入するなどした専用施設となっており、個人で堆肥を作るより短時間での生産が可能である。また、堆肥製造の第一段階でコンクリート片などを除去する必要があるため、個人には労力的にも負担となる。

草木類は、シルバー人材センターによる剪定・間伐で出た廃棄物を搬入している。原材料は基本的に廃棄物であり、廃棄すれば産業廃棄物だが、利活用で堆肥に変えている。他の類似の施設では廃棄物処理の方法として堆肥化しているところが多いが、この土づくりセンターは、堆肥を作るために結果的に廃棄物を利用しているので、思想が根本的に違うとのことである。年間の原材料の量は四〇〇〇トンで堆肥に製品化されるのは一六〇〇トン、製品化率は約四割となっている。製品化された堆肥をほぼ売り切っている。堆肥は一―三月、秋作の頃によく売れている。ただ、原材料の草木類は、バイオマス構想の開始により競合が起きており、安定供給に課題はある。センターでは、二〇一七（平成二九）年度に臭気対策などの土づくりセンターの施設改修を実施する予定であるとのことであった。

2　給食畑の野菜

「給食畑の野菜」とは、学校給食で使用する野菜などを地元の生産者が生産供給する取り組みを指し、地元臼杵市でとれた新鮮で安全な野菜（農産物）を、学校給食で使用することで、子どもたちの健全な育成をめざすことを目的としている。有機農産物の生産だけでなく、子どもたちへの農業に対する理解、地元への愛着を養うことも視野に入れている。あわせて、農家の有機農産物生産への意識の向上を図り、給食をはじめ直販所等への有機農産物の供給の拡がりをめざしている。[5]臼杵市の約五〇戸の農家の協力を得、給食の野菜の三〇パーセントを地元産の旬の農産物で賄っている。

この「給食畑の野菜」のきっかけは、臼杵給食センターの整備だった。臼杵市の中学校には従来学校給食がなかった。自校方式による給食センターの整備は、費用的に困難なため、センター方式での給食の整備を行った。二〇〇〇（平成一二）年臼杵給食センターが起点となり、二〇〇五（平成一七）年に農村地域である野津町との合併で、農産物の供給地を得ることでシステムを構築できた。地元の野菜を使用する地産地消の取り組みを「給食畑の野菜」と銘打って、おいしく・安心・安全な地元産の農産物を優先して使用する方針を採用した。これは首長のリーダーシップによるもので、「事業実施・事業の構築にトップの覚悟は大きい要素である」と藤澤参事はインタビューで述べている。

3　ほんまもん農産物認証制度

臼杵市は、市独自の有機農業認定制度である「ほんまもん農産物」認証制度を設けている。市長による認証を受けた農産物に「ほ」の字が入った無料のシールを配布し、貼付して出荷している。認証を受けるためには、生産工程の管理表を品目ごとにノート記録し、生産物に対して春と秋に毎年認証の検査を行っている。認証は二種類あり、「緑マーク」と「金マーク」がある。「緑」は化学肥料不使用、化学合成農薬は最低限使用、「金」は化学肥料・化学合成農薬不使用のものを指す。「ほんまもん農産物」のうち九割が「金マーク」を取得しており、ほとんどの農家は、金色の認証を取りに来ている。藤澤参事によれば、地域の農家には有機への強い思いがあるという。

有機農産物の認証制度は有機ＪＡＳのみで、認定機関が検査を行い認証する。大分県における有機ＪＡＳ認証機関は「特定非営利活動法人おおいた有機農業研究会」である。有機ＪＡＳは第三者による客観性を担保した認証制度だが、認定費用・手間がかかり、売り上げに反映されるわけではないため、認証を躊躇する農家は多い。市長による独自の認証制度を創設した理由は、そうした有機ＪＡＳの認証を労力や費用面から取れない農家を支えるという側面もある。

4　農業生産法人の参入

臼杵市では、農業生産法人が有機農業に参入している。一二社中、六社が有機農業を実施している。生産品目としては、野菜・ベビーリーフ・お茶などがある。現在では条件の良い遊休地はない状態になっている。農業生産法人進出の理由として、畑地灌漑の整備で市内には農業用水が豊富であることも好条件を後押ししている。西日本農業社は、元煙草畑に「うすき夢堆肥」を投入して土壌改良し、ルッコラやベビーリーフを生産している。このほか、外食・介護・宅食を展開するワタミグループの企業であるワタミファーム臼杵農場が二〇一〇（平成二二）年四月に臼杵に進出している。ワタミファーム臼杵農場は、「うすき夢堆肥」を使った土づくりをしており、ここの生産物はすべて有機ＪＡＳ認証を受けている。さつまいも、里芋、にんじん、大根といった有機野菜が、約八ヘクタールの農場で生産され、ワタミ宅食や臼杵市の学校給食に提供されている。ここで収穫されたさつまいもは、焼酎の原料になっており、グループの外食店舗での販売を行うなど、地域との連携を強め、有機農業の発展に貢献しようとしている。

5　新規就農支援（地域おこし協力隊）[6]

有機農業の推進支援、新規就農支援のため、臼杵市では地域おこし協力隊員（有機農業推進隊員）を募集し、現在三名の協力隊員が臼杵市に着任している。三名は地元の有機農家の藤嶋祐美さんの元で「修業」している。藤嶋さんは、地域では有機農法の先駆者であり、二〇年以上前から有機農業に取り組んでいる。藤嶋さんは野津町出身で東京からUターンで戻り、有機農業に取り組んでおり、これまで臼杵市の有機農業の取り組みに深くかかわってこられた。藤嶋農園では協力隊員を受け入れ、農作業に実際に従事しながら、学んでもらっている。藤澤参事は、きちんと有機農業を教えられる人は限られるが、藤嶋さんは教えるための知識や都会の人が田舎で暮らすための知識・知恵をもっていると評する。

資料 5-2　地域おこし協力隊の作業の様子

有機農業は、手間がかかるわりに収穫量が少なく、収入も少ないため、担い手がいない。農業の発展は農家自身が発展しないと成立しないという思いがある。また、地域外から地域へ移入した人が暮らしていけないと、そもそも成り立たない。そのためには、売れるような農作物を作れるようにならなければならない。協力隊員の生活安定のためにも、生産した農作物の販路開拓は重要である。臼杵市では、条件整備して、あとはお任せにならないよう、持続可能な基盤を構築している印象を受けた。

二〇一七（平成二九）年四月現在、有機農業に従事している地域おこし協力隊（有機農業研修生）は三名で、次のように有機農業へ従事している。

①　槌本《つちもと》　俊貴《としき》さん（大阪府）

二〇一六（平成二八）年四月から着任し、現在二年目になる。市が借りた遊休農地を研修圃場として作業している。年間を通じて、その時々の作付を体験することで学んでいく実践重視のスタイルをとっている。県のファーマーズスクールもあり、それは座学もある。作付・収穫については他の農家でも体験させていただいている。一年間がむしゃらに取り組んできたので、非常に充実した年だったと感じている。今後は自分の時間が増えるので、自律的に取り組んでいきたいとしている。拠点となる畑と家が欲しいが、希望に合致するものがないのが目下の悩みである。地域づくり協力隊の期限である三年間での自立をめざしている。

②　山﨑《やまさき》　誠《まこと》さん（大阪府）

槌本さんと同じく二〇一六（平成二八）年四月から着任した。非常に勉強になった一年だったと感じており、一年目は手伝いと自分の作業が八：二の比率だったが、二年目の今年は、手伝いと作業が五：五の割合になっている。研修中の苦労はなく、行政のサポートもいただいている。臼杵という地域は有機農業に理解があり、一方で地域づくり協力隊という収入面があったことも大きい。現在宅配を中心に農産物を提供している。販路の拡大は課題だが、二月にトキハ[7]で販売することができた。デパートでの販売は単価も高いため、手ごたえを感じている。そのほか、地域産品市場の「吉四六市場」にも出荷している。イベントに参加しての販売も増えている。たとえば、地元の酒造会社の「蔵開き」イベントや、「おんせん県ふるさとマルシェ」という協力隊のイベントで野菜を販売している。ただ、有機野菜は生産量が多くないため、そのことがボトルネックにもなっている。オーガニックマーケットの構想をもっており、移住してきた方は活気があるので、マルシェの開催も可能性が高いと考えているとのことである。

③ 奥村《おくむら》 有希《ゆうき》さん（東京都）

二〇一七（平成二九）年四月から臼杵市に着任した。東京出身で、「いなか」というものもなく、地域おこし協力隊の制度で研修先を見つけた。土地勘もなく、地域の方も知らないいなかへ飛び込んだが、行政のサポートが得られ、うまくいっている。行政が仲介する安心感がある。家探し・近所づきあいなどで、行政の顔の広さが役立っており、とてもきめ細かい、有効なサポートを受けていると考えている。

現在のところは手伝い・作業従事による勉強が中心となっているが、秋口から自分の畑をもつ予定にしている。今後の予定としては、農産品を使った加工なども行っていけたらと考えている。単純な有機農産品の販売では、先輩と競合してしまうので、新市場の開拓によって別の土俵で勝負できればと考えている。

6　有機野菜の販売現場（臼杵市内・てくの屋）

有機野菜の販路が重要であることは、先述したところである。臼杵市における有機農産物の販売現場についても視察した。

臼杵市中心部にある「てくの屋」は、大分県南情報誌「TekuTeku」のアンテナショップで臼杵市のセレクトした産品を発信するお店である。地域の特産品や土産物とともに「ほんまもん農産物」も常時入荷し、販売されている。近所の方々にも有機農産物を目当てに買い物にくる方がいる。ここでは、生産者二名と仲買の方が農産物を卸している。生産者は果物の生産に関してこだわりがあり、お客の人気も高いとのことである。入荷の数量は少ないが、「ほんまもん農産物」と銘打って販売している。産物のなかでは、にんじん・ほうれんそうが人気である。にんじんはふるさと納税の返礼品でも出されている。ほかにも、有機農産物ではないが、減農薬のデコポンやトマトも置いており、いずれも人気がある。うすき夢堆肥の一〇キロ入りを一袋三〇〇円で販売している。

実際に、筆者がにんじんを購入して食したところ、それらは小ぶりではあるが非常に甘みのある、濃い味のように感じられた。このことは、臼杵市産の有機野菜のポテンシャルの高さを感じるとともに、このような野菜を給食で食べられる臼杵市の子どもたちは恵まれた環境にあることを想起させるものだった。

V 臼杵市の有機農業を中心とした食育文化の醸成

臼杵市の有機農業の現場を実際に確認したとき、土づくりセンターが有機農業の推進に大きな力を発揮していることがわかった。現在では土づくりセンターを中心とした、食育の推進、加工開発支援、生産拡大、流通の強化、新規就農支援を展開している。

土づくりセンターと連携した、「給食畑の野菜」事業が、食育文化に与える影響は大きいと考えられる。臼杵市の子どもたちは、地元産の野菜を食べる機会を得ることで、幼い頃から本当の野菜の味を覚えている。この味覚を育てるという作業は、食育文化をはぐくむために重要である。幼少期にできた味覚は、その後の人生・生活において、その人の食のあり方を決めていく可能性を秘めている。小学校では、ほかに食育として八品目の農産物の収穫体験を年八回実施している。これは児童が、旬の地元農産物への理解と、食への関心を深めることを目的としている。実際に食べている給食の食材がどのように栽培されているのか、食の源泉をたどる作業は、地元産の農産物への愛着を通じて、地域への愛着を醸成し、「うすきブランド」の確立に寄与するものと考えられる。

臼杵市では有機農業推進の基本計画として、「ほんまもんの里みんなでつくる臼杵市食と農業基本計画」を二〇一二（平成二四）年六月に策定している。二〇一〇（平成二二）年に制定した「ほんまもんの里みんなでつくる臼杵市食と農業基本条例」の基本理念をもとに、安全・安心な食糧の安定供給と持続的に発展する農業を確立し、うすきブランドの推進による食と農業の振興に向けた方向性を明らかにする基本計画となっている。基本計画は、①安心・安全な食糧の供給、②持続可能な農業の振興、③活力ある農業の振興、④環境に配慮した農業の振興という四つの基本目標を掲げている。具体施策として、地産地消の拡大、食育の推進、有機農業の推進、土づくりセンターとの連携などが盛り込まれている。この計画の施策体系の上位には、目的として「うすきブランドの推進による食と農業の振興」が掲げられている。

この臼杵市の有機農業への考え方を具現化した、映画「一〇〇年ごはん」は、大林千茱萸監督が、臼杵市の有機農業推進への取り組みを取り上げたドキュメント映画である。映画は、二〇一四（平成二六）年に公開してこれまで全国で一八〇回以上公開されるなど、好評を得ている。この映画をきっかけに移住や移住のモニターツアーに参加するといった反響もある。二〇一六（平成二八）年九月には、臼杵市がイタリア・トリノで開かれた「世界スローフード大会」へ参加し、映画「一〇〇年ごはん」を上映している。この世界スローフード大会については、二〇一四（平成二六）年に事前視察をするなど、周到な準備の下に進められている。「一〇〇年ごはん」は、映画を活用して臼杵市の有機農業推進の取り組みを広く国内外に周知する、効果的な手段として注目に値する。

「給食畑の野菜」から広がった臼杵市の有機農業は、臼杵市の食育文化の醸成へとつながっている。食育は子どもにのみ施されるものではなく、有機農業にかかわる生産者・消費者・販売者を巻き込んだ、関与する人全体に及ぶものであり、その広がりは世代を重ねるごとに深化していき、地域の文化として確立されるだろう。その取り組みが、臼杵市で行われていることが、さまざまな地域の有機農業や食の問題にかかわる人々の注目を集めている理由であろう。

Ⅵ　食育文化と地域ブランドの確立

1　「ほんまもん」の食と地域ブランドの確立

臼杵市では、「有機の里うすき」として有機農業を中心施策として、各種施策を構築していることが前述の視察やインタビューからもわかる。土づくりから有機農業の実践、あるいは給食や販売による地産地消へと、生産準備から生産、そして消費へと流れが一貫している。いわば「ストーリー」として流れているともいえる。有機農業だけを点で支援するのではなく、その栽培の基礎となる土づくりから一貫した支援を行っている。

その一貫したストーリーのうえに、「ほんまもん」の地域ブランドを確立するうえで、有機農産物の認証制度が推進役を担っている。有機ＪＡＳは、国の制度であり、費用がかかり詳細な生産記録なども生産者に負担となるため、費用がかからない形での市の独自認証制度を創設した。それが「ほんまもん農産物認証制度」である。地域の販売実情から、この認証制度は販売者・消費者にも有効に機能しているように見えた。金や緑のシールは、消費者から見てどういう有機農産物なのかが一目でわかり、他の農産物との差別化もできる。他との差別化によるブランド化ができているため、今後の販売拡大や販売価格の上昇が期待できる。

映画「一〇〇年ごはん」は、地域外への訴求として、こうした地域ブランド化の後押しをしている。映像によって明確な「うすきブランド」のイメージを訴えることができる。

2　現代食文化に対する臼杵ブランドの提案

有機農業の展開のために、土づくりから始めるという臼杵市の姿勢は、特筆に値する。ただ単純に、土壌を改良し収量を上げるということではなく、有機栽培のための地力を底上げするために、その土から作り始めることに着目したことが成功の要因の一つであると考えられる。国の有機農業施策においても土づくりが基本方針などのなかに掲げられているが、これに真面目に取り組んだ臼杵市の真摯さが、地域の有機農業の核となる拠点にまで押し上げたものと考えらえる。

臼杵市の基本計画にも土づくりセンターが位置づけられており、有機農業の軸を担っている。基本計画は先行する施策を整理する意味合いをもっている。臼杵市のトップや担当者の構想を基本計画という形で具体化させ、臼杵市有機農業施策の位置づけを改めて確認し、どういう目的を達成するための施策なのかを明確にしている。

基本計画においては、ビジョンとしての「安全でおいしいほんものの食」を、戦略としての「有機農業」に落とし込み、さらに具体施策としての土づくりセンター・認証制度・販売ルート・地域おこし協力隊等が構築されそれぞれの階層で機能している。「安全でおいしいほんものの食」は「一〇〇年ごはん」という映画を通じて、明示されている。映画はビジョンを目に見える形で強い訴求力をもって臼杵市の取り組みをPRしている。これは他の自治体とは違う、大きなアドバンテージであるといえる。

ただし、「食」は個人の選択の問題である。出自のわからない安い商品、価格の安い代用品、調理済みの手軽な商品と、生産者の見える商品、伝統的な製法による商品、素材を生かした製品のいずれを選択するかは個人が決めることである。〝ニセモノ〟と〝ほんもの〟は各自の価値観において、または経済的状況において選択されることになる。その選択を、どちらにせよと強制することはできないし、する必要もない。

しかし、どちらかを選ぶ時の判断基準として情報が必要である。適切なリテラシーと情報により、自らが主体的に自分自身の食べるものを選んでいく必要がある。〝ほんまもん〟はそのための指針になるものといえる。人々は自らの選択のために〝ほんまもん〟を求める。その期待に応える臼杵市の取り組みが、地域の農業を振興し、持続的な農業を支えていくことになる。

注

1 中澤正彦（二〇一〇）「シリーズ　日本経済を考える①　デフレと日本経済」『ファイナンス』二〇一〇年二月号、七三頁。

2 バランスシートの棄損とは、土地・株式等の資産が減価あるいは不良債権化し、会社等の経済主体のリスクに対する許容度が下がることを指す。

3 慣行農業とは、従来型の農薬や化学肥料を使用した戦後主流となった農業形態のことを指す。

4 平成二七年度農林業情報交流ネットワーク事業。

5 臼杵市ホームページ、http://www.city.usuki.oita.jp/docs/2014013000115/、二〇一七年六月一七日閲覧。

6 地域おこし協力隊とは、都市地域の出身者の隊員が、過疎地域などの条件不利地域に生活拠点を置き、一定期間共住して、地域ブランドや地場産品の開発・販売・PRなどの地域おこしの支援や、農林水産業への従事、住民の生活支援などの「地域協力活動」を行いながら、その地域への定住・定着を図る取り組み。活動期間はおおむね三年間で、隊員の報償費などやその他活動経費に対して特別交付税により財政支援がある。

7 株式会社トキハは、大分県内に三店舗を展開する一九三五（昭和一〇）年創業の百貨店である。

参考文献

碓井崧・松宮朝（二〇一三）『食と農のコミュニティ論――地域活性化の戦略』創元社。

臼杵市（二〇一二）「ほんまもんの里みんなでつくる臼杵市食と農業の基本計画」。

臼杵市（二〇一五）「臼杵市バイオマス産業都市構想」。

関満博（二〇一一）『「農」と「食」のフロンティア――中山間地域から元気を学ぶ』学芸出版社。

農林水産省（二〇一四）「有機農業の推進に関する基本的な方針の公表について」。

農林水産省（二〇一七）「有機農業の推進について」。

橋本卓爾・大西敏夫・藤田武弘・内藤重之（二〇〇六）『食と農の経済学［第二版］――現代の食料・農業・農村を考える』ミネルヴァ書房。

室屋有宏（二〇一四）『地域からの六次産業化――つながりが創る食と農の地域保障』創森社。

第6章 組織間連携と臼杵ブランドによる産業の促進

地域資源を活かした地方創生

I 産業についての計画と戦略

1 総合計画

地方自治体における地域づくりの最も上位に位置づけられる計画として、臼杵市では、計画期間を二〇一五（平成二七）年度から一〇年間とする第二次臼杵市総合計画を策定している。この計画は、臼杵市がめざすまちづくりの将来像「日本の心が育つまち臼杵～『おだやかさ』と『たくましさ』を未来へつなぐ～」[1]を実現するための基本方針を定めたものであり、基本構想と基本計画から構成されている。まちづくりの指針である基本構想には、産業分野の目標として、「魅力ある資源を市民が創り活かし、人が集まりにぎわうまち」[2]が掲げられている。ここでは、農林水産業や商工業など特産品開発や六次産業化が進み、すべての産業が活気にあふれ、地場産業の活性化により、雇用が確保されていきいきと働くことができ、潤いのある市民生活が営まれていることが、めざすまちの姿とされている。

基本構想を実現するための基本計画では「社会経済を潤す」および「おいしく安全な食材を創り活かす」という産業施策の方針が立てられ、具体的施策があげられている。[3]また、基本計画の実現に向けて、特に緊急かつ重点的に「うすきの資源を活かした産業の振興」[4]に取り組むべきとされている。

2　まち・ひと・しごと創生総合戦略

地方創生を積極的に推進するため、まち・ひと・しごと創生法に基づき、二〇一五（平成二七）年に「臼杵市まち・ひと・しごと創生総合戦略」が策定された。そこには、臼杵市第二次総合計画に掲げられたまちの将来像を確実に実現するため、具体的な数値目標が設定されている。産業分野では、「地方にしごとをつくり、安心して働けるようにする」ことを重点戦略として掲げ、若者の安定した雇用創出数を二〇一九（平成三一）年までの五年間で累計三〇〇人にすることを目標としている。[5]重点戦略に関連する施策が着実に推進されるよう、施策ごとにＫＰＩ（Key Performance Indicators：重要業績評価指標）が設定され、目標値の達成度を評価しながら事業が行われている。

3　産業構造

わが国全体の変化と同様に、臼杵市においても高度経済成長後の社会・経済情勢などの変化にともない、第一次から第二次、第三次産業へと就業の態様が移動している。図表六―一は、臼杵市における産業別就業人口の推移を表している。

二〇〇九（平成二一）年における臼杵市の就業者総数は一万四七二七人であり、一九六〇（昭和三五）年における同人口総数の約四分の三にまで減少している。就業人口の減少は、一九六八（昭和四三）年前半以降の高度経済成長と社会情勢、就業構造の変化により若年労働者が都市へ流出したことによるものであり、中学、高校、大学卒業者の市内定着率が低い[6]ことが主な要因と考えられる。

これを産業別でみると、二〇〇九（平成二一）年における第一次産業の就業人口は三三二人であり、一九六〇（昭和三五）年における同人口総数の約二五分の一にまで激減している。一方、二〇〇九（平成二一）年における第二次産業の就業人口は五六四三人、および、第三次産業の就業人口は八七五二人であり、一九六〇（昭和三五）年における同人口総数と比較すると、第二次産業は約一〇パーセント、および、第三次産業は約三〇パーセントの伸びとなっている。

二〇〇九（平成二一）年における産業別就業人口の割合は、図表六―二のとおりである。臼杵市にお

図表6-1　臼杵市における産業別就業人口の推移

（単位：人）

	1960（昭和35）年		1985（昭和60）年		2009（平成21）年	
農業、林業・狩猟業	6,843	34.2%	2,210	12.3%	283	1.9%
漁業水産養殖業	1.289	6.4%	569	3.2%	39	0.3%
第1次産業計	**8,132**	**40.6%**	**2,779**	**15.5%**	**332**	**2.3%**
鉱業、採石業、砂利採取業	176	0.9%	182	1.0%	7	0.0%
建設業	1,296	6.5%	1,689	9.4%	1,528	10.4%
製造業	3,674	18.3%	4,013	22.4%	4,108	27.9%
第2次産業計	**5,146**	**25.7%**	**5,884**	**32.8%**	**5,643**	**38.3%**
電気・ガス・熱供給・水道業	101	0.5%	82	0.5%	0	0.0%
運輸通信業、郵便業	871	4.3%	1,244	6.9%	1,834	12.5%
卸売業、小売業	2,780	13.9%	3,489	19.5%	2,108	14.3%
金融業、保険業、不動産業	266	1.3%	395	2.2%	177	1.2%
公務	552	2.8%	712	4.0%	—	—
その他サービス業（分類不能を含む）	2,178	10.9%	3,339	18.6%	4,633	31.5%
第3次産業計	**6,748**	**33.7%**	**9,261**	**51.7%**	**8,752**	**59.4%**
分類不能	4	0.0%	6	0.0%	—	—
総数	**20,030**		**17,930**		**14,727**	

（出所）1960（昭和35）年および1985（昭和60）年のデータは国勢調査報告。2009（平成21）年のデータは総務省「経済センサス—基礎調査」および総務省・経済産業省「経済センサス—活動調査」。

（注）各年における左側の列は各産業別就業人口、右側の列は就業者総数に占める各産業別就労人口の割合を表示。

図表 6-2　産業別就業人口の割合（2009（平成 21）年）

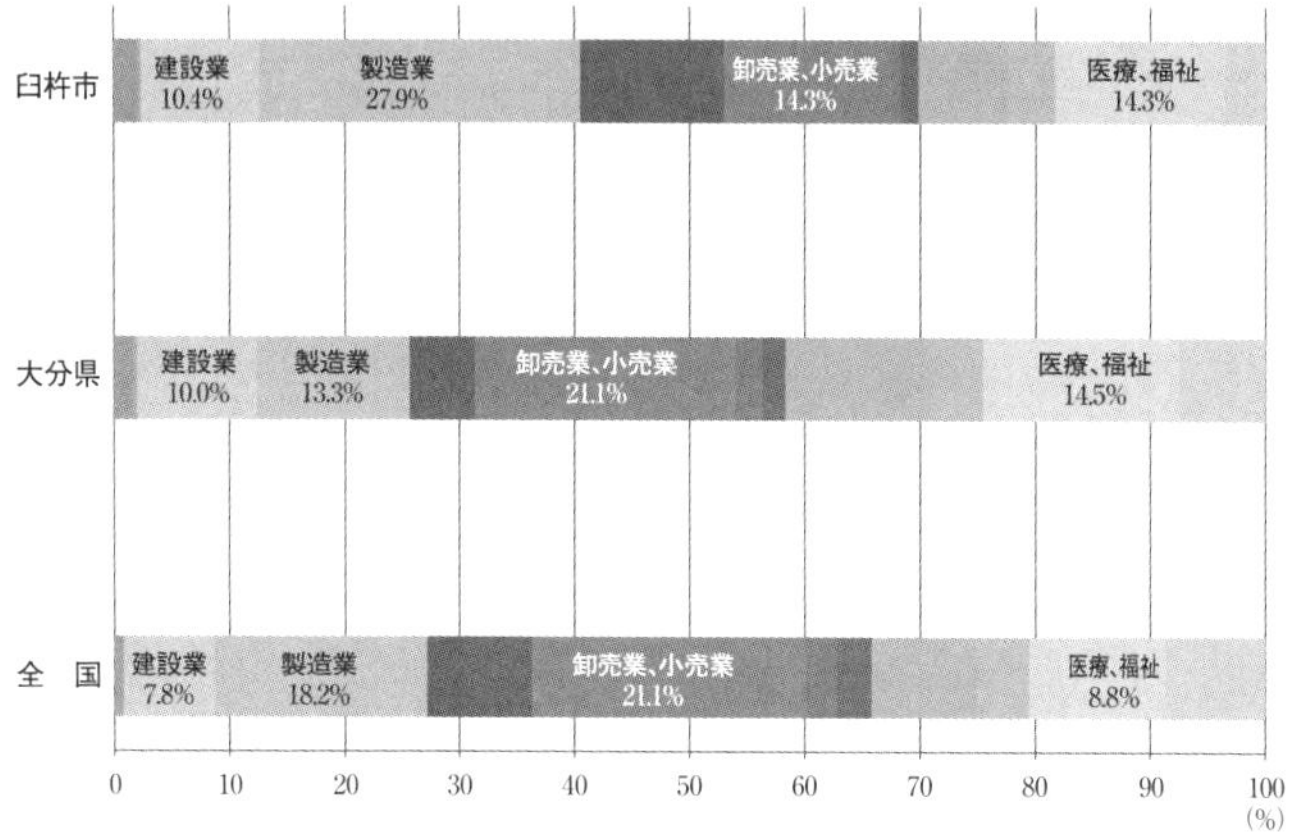

（出所）　総務省「経済センサス―基礎調査」および総務省・経済産業省「経済センサス―活動調査」。

ける製造業の就業人口割合は二七・九パーセントであり、全国よりも約一〇ポイント、大分県よりも約一五ポイント高く、製造業に強みがあることがわかる。一方、臼杵市における卸売業および小売業の就業人口割合は一四・三パーセントであり、全国や大分県よりも約七ポイント低く、これらの産業があまり盛んでないことを表している。

図表六―二では、左端が農林業、その横が漁業を表している。これら第一次産業の就業人口割合は、臼杵市では二パーセント強に留まっている。しかし、全国の同人口割合が一パーセントに満たない状況を考えると、臼杵市は第一次産業に強みがあるといえる。臼杵市第二次総合計画で掲げられている農林水産業や商工業など特産品開発や六次産業化は、豊富で品質の高い地域資源の生産者がいなければ実現できない。そのため臼杵市では、後述のとおり、地域資源を生産する後継者の育成支援、地域資源を活用した商品の開発支援

など、六次産業化の推進に向けたさまざまな施策が実施されている。

Ⅱ　臼杵市の産業の状況

1　第一次産業の概況

農林業

臼杵市における二〇〇九（平成二一）年の第一次産業就業者総数は三三二一人で、そのうち農林業就業者数が二八三人と約八五パーセントを占めている。臼杵市における農業の特徴は、全国の傾向と同様、農家戸数、耕地面積が減少の一途をたどりつつ、農家戸数に占める兼業農家の割合が増加していることである。[7]

耕地のなかでも、田・畑は減少しているが、樹園地（ほとんどは柑橘類）は、増加傾向にあり、柑橘などの果樹栽培は温暖な気候に恵まれた適地作目として今後も期待されている。[8] たとえば、かぼすは、大分県が全生産量の九六パーセントを生産しており、かぼす発祥の地といわれる臼杵市のシェアは日本一である。

経営体については、近年、法人形態によって農業を営む、いわゆる農業法人が市外から続いて参入していることを特徴にあげることができる。臼杵市内に設立された農業法人の形態は、すべて株式会社である。臼杵市では、西日本有数の生産を誇る葉たばこや吉四六ピーマン、かぼす、ニラ、そして、味、質の高いイチゴ、甘藷（甘太くん）、トマトなどが栽培されている。[9] 臼杵市ふるさと建設部産業促進課佐藤一彦課長（以下、「佐藤課長」という）によると、二〇一七（平成二九）年一月現在で、一一社の農業法人が市外から参入・設立し、これらの農産物に加え、茶、ベビーリーフ、にんじん、キャベツ、ほうれんそうなどを生産している。二〇一〇（平成二二）年度における農業法人の経営耕地面積は九七・九ヘクタールであり、これは臼杵市内の経営耕地面積一六六〇・三ヘクタールのうち、約六パーセントを占めている。[10] 二〇一七（平成二九）年度では、一八三・四ヘクタールまでその経営耕地面積は増加している。佐藤課長によると、これらの農業法人に対して臼杵市が誘致活動を行った実績はないという。臼杵の温暖な気候や肥沃な農地が誘因となり、農業法人の参入・設立が決定されたといえる。

また、これらの農業法人のなかには、地元の農家が生産した農産物を小ロットで買い上げ、自社の農産物とあわせて販売することもあるという。この場合、生産者である地元の農家にとって、農業法人は農産物の地域商社のような役割を果たすため、臼杵市における新たな農業の形を模索できる可能性がある。

漁業

臼杵市における漁業の特徴の一つに、海面に浮上するカジキを手投げモリで仕留める伝統漁法の突《つき》ん棒《ぼう》漁業がある。[11]

現在、漁獲量、生産額ともに主流になっているのは、一本釣りである。二〇一四（平成二六）年度における大分県漁協臼杵支店の総漁獲量七八万九五七七キログラムのうち約四割、総生産額六億四七二六万円のうち約五割を一本釣りが占めている。[12] 一本釣りで漁獲した魚の単価は高く、生産額に貢献していることがわかる。魚種別では、臼杵名物であるタチウオが、二〇一四（平成二六）年度における漁獲量の約三割、生産額の約四割を占め、量・金額ともに最も多い魚種となっている。[13] 大分県一の生産量を誇るタチウオに続き、ブリ、イワガキ、マアジ、臼杵ではカマガリとして有名なクログチが漁獲量で続いている。[14]

近年では、養殖が盛んになっており、二〇一四（平成二六）年度において、総漁獲量の約一四パーセント、総生産額の約一七パーセントを養殖が占めている。主に、ブリ、マダイ、ノリ、ワカメ、真珠、カキなどが養殖されており、かぼすを餌にして育った養殖のブリは、さっぱりとした臭みの少ないブランド魚「かぼすブリ」として有名である。

臼杵の漁業における問題は、就業者数の減少と高齢化である。[15] 大分県漁協臼杵支店における組合員数は、毎年減少しており、二〇一四（平成二六）年度は三七七名となっている。そのうち、七〇歳以上の組合員が占める割合は増加傾向で、二〇一四（平成二六）年度は四五パーセントとなっている。五〇歳未満の組合員数の減少は著しく、二〇一四（平成二六）年度には全組合員数の一割弱である三六名にまで減少している。

漁業就業者を確保するため、臼杵市では「臼杵市漁業担い手育成交付金」を二〇一五（平成二七）年度に創設し、臼杵市で新たに漁業を始める人を支援している。この交付金は、臼杵市内の漁業後継者または新規漁業従事者で、四五歳以下の人を対象としている。交付金の受給対象者となれば、生活安定資金として一〇万円／月が最長二年間、家賃の補助として家賃の半額（上限二万円／月）が最長三年間交付されるなどの支援を受けることができる。初年度である二〇一五（平成二七）年度には、二名にこの交付金が交付された。多くの臼杵ブランドをもつ漁業を守るため、臼杵市では不断の取り組みが続けられている。

2　第二次産業の概況

臼杵市における二〇〇九（平成二一）年の就業者総数一万四七二七人は、一九六〇（昭和三五）年に比べて約四分の三に減少しているが、第二次産業就業者数五六四三人は、一九六〇（昭和三五）年当時とほとんど変化していない。第二次産業のうち、二〇〇九（平成二一）年の製造業就業者数四一〇八人は、一九六〇（昭和三五）年に比べて約一・一二倍に増加している。就業者総数は著しく減少している一方、製造業就業者数は増加していることから、臼杵市は製造業に強みがあると考えられる。

臼杵市には、江戸、明治および大正期に創業した老舗企業と呼ばれる企業が多く存在する。二〇一三（平成二五）年六月現在で一〇〇年以上前に創業した企業が四四社存在し[16]、市内に立地する企業数の約三割強にあたる。なかでも、特に、醸造業には古い歴史があり、臼杵市は水が美味しいことから醸造のまちとして栄え、味噌、醤油、酒、焼酎などを中心に江戸末期から主要産業として発展し、現在、西日本一の規模を誇っている。最近では、和食がユネスコ無形文化遺産に登録されたことから、市内で盛んな醸造製品の販路を拡大するため、臼杵市と複数の市内醸造会社などが共同で海外にプロモーション活動を実施するなど産官連携が行われている。

造船業も臼杵市の代表的な基幹産業である。鋼船をはじめとしたあらゆる素材の船舶を建造しており、近年では、進水式の見学を組み合わせた新たな産業観光に注目が集まっている。また、地方自治体の広域連携および産官連携によって、造船業の振興を図る独自の取り組みが行われている。二〇〇六(平成一八)年度から、臼杵市は佐伯市と連携し、地元造船業などの協力のもと、大分地域造船技術研修センターを運営している。複数の造船関連企業の新人研修が同センターにおいて約三か月間、構成団体企業の従業員やOBを講師に迎えて実施される。技術の伝承によって、地元の基幹産業である造船業の発展を図るため、臼杵市と佐伯市の職員が新人研修の企画、運営など、同センターの事務処理を担っている。

3　第三次産業の概況

現在、臼杵市における商業の中心は、臼杵藩五万石の城下町であった旧臼杵町にあり、八町と呼ばれた町屋のあった辺りに商店や銀行が集中していた。[17] 明治・大正期において、その商圏は大分郡の一部にまで広がっていた。第二次世界大戦後、高度経済成長期には大都市への人口集中が起こる一方、臼杵では過疎化や経済の地盤沈下が深まり、大分市の衛星都市的な性格が強まったうえ、商圏も区域内に限定されるようになった。[18]

経済産業省の商業統計調査によると、大分県全体の小売・卸売業の年間販売額に占める臼杵市の割合は、一九七〇（昭和四五）年の二・八パーセントから二〇〇七（平成一九）年の二・〇パーセントへと比重を低下させている一方、大分市の割合は、同期間に四三・七パーセントから五九・六パーセントへと大きく比重を高めている。また、臼杵市の一店あたりの年間販売額は、一九七〇（昭和四五）年に一五三六万五〇〇〇円であったものが、二〇〇七（平成一九）年には九五二五万八〇〇〇円と約六倍に増加しているが、二〇〇七（平成一九）年における大分県平均の約六割にしか達していないことがわかる。このように臼杵市の商業は、大分県内において相対的に地盤沈下し、停滞が続いていることがうかがえる。

このような状況に対して、臼杵市では、八丁大路中央通り商店街のアーケードを撤去し、アートによるにぎわいの演出を行うなど中心市街地の活性化に取り組んでいる。また、空き店舗等活用事業補助金の交付、金融機関と連携した販路拡大などにより、商業の経営基盤強化が実施されている。

Ⅲ　臼杵市の地域資源と農林漁業の六次産業化

1　臼杵市の地域資源と六次産業化

先に述べたとおり、臼杵市には、かぼす、イチゴなどの果物、ピーマン、ニラなどの野菜、タチウオ、かぼすブリなどのブランド魚といった豊富な第一次産品がある。臼杵市では、これらの第一次産品の生産量を増やすだけではなく、付加価値のある地域資源とするため、生産や流通にさまざまな工夫を凝らし、六次産業化の推進を図っている。

臼杵市における産業施策の特徴を表すキーワードがいくつかある。その一つ目が、六次産業化である。六次産業化とは、第一次産業が、農林水産物の生産のみならず、それを原材料として、食品加工（第二次産業）、流通・販売（第三次産業）にも主体的かつ総合的にかかわり、農業を活性化させることをいう。[19] 臼杵市では、六次産業化を支援するとともに、農商工連携を推進している。以下では、農林業と漁業について、臼杵市における地域資源と六次産業化の代表的な施策を紹介する。

2　農林業の六次産業化

臼杵市では、紡いでつなげる「有機の里うすき」を掲げ、二〇一〇（平成二二）年三月に、「ほんまもんの里みんなでつくる臼杵市食と農業基本条例」を制定した。臼杵市が重点的に取り組み、強力に普及を進めている有機農業は、臼杵市産業施策の特徴を表す二つ目のキーワードである。

有機の里うすきの中核となる施設が、二〇一〇（平成二二）年に設立された臼杵市土づくりセンターである。ここでは、八割の草木に二割の豚糞を配合した、自然の土に近い完熟堆肥が製造されている。牛、豚、鶏などの糞尿を主成分とする堆肥は、発酵が進みづらい、虫が寄ってくる、臭いがひどいなどのデメリットがある。臼杵市土づくりセンターでは、通常、農家が製造すれば二、三年程度かかる完熟発酵堆肥の製造をわずか半年で行う、全国初の施設である。同センターでは「うすき夢堆肥」のブランド名で知られる完熟発酵堆肥を年間三〇〇〇トン製造している。うすき夢堆肥は、臼杵市がめざす有機の里づくりのインフラであり、有機農業に欠かすことができない。市内農業者が有機農業に取り組みやすい環境づくりを目的として製造されているため、市外在住者は小分けに袋詰めされたものを、一トン一万五〇〇〇で購入できるが、一トンあたり五〇〇〇円でうすき夢堆肥を購入できるのは市内農業者に限定されている。

臼杵市土づくりセンターにおける完熟発酵堆肥の製造とあわせて、臼杵市における主な有機農業推進のための施策は、以下のとおりである。

①　環境保全型農業直接支払対策事業：有機農業に取り組む生産者に対する交付金の交付

②　臼杵市有機農業起業者誘致条例：農林水産大臣が定めた品質基準や表示基準に合格した農林物資の製品につけられる認定マークである「有機ＪＡＳ」をめざす新規就農者の支援

また、臼杵市では、うすき夢堆肥など完熟発酵堆肥で土づくりを行った畑で生産された農産物を「ほんまもん農産物」として認証している。これは、市の担当者と有機ＪＡＳ認証検査員が生産工程記録を審査し、栽培期間中に化学肥料の不使用が確認された農産物を市長が認証する制度である。有機農法で栽培された農産物には、生産者の時間と手間が多くかかっているため、値段が高めという印象をもたれる場合がある。しかし、安全安心と本物の味、という付加価値あるブランドとしてほんまもん農産物を普及させるため、ＪＡ、直売所、スーパーマーケットなどの協力を得て、市長の認証を示すシールが貼られた農産物が多く流通するようになった。さらに、学校給食での提供、市民が農園体験をできるオーナー農園での栽培などを通じて、ほんまもん農産物の認知度を一層向上させ、地産地消型の有機農業の拡大を図っている。なお、有機の里うすき、ほんまもん農産物など臼杵市における有機農業の取り組みについては、第五章で詳しく取り上げられている。

3　漁業の六次産業化

臼杵市では「海を守るために、山を守る」ことを実践している。針葉樹は縦に根を伸ばす特徴があるため、横に根を張る広葉樹と比べて保水力が弱いという説がある。木材用として針葉樹を多く植林している場所では、広葉樹林に比べて、山から海へ流れてくる水の量が多くなり、そのことが海藻の減少につながる場合もあるという。その結果、海藻を餌とする魚介類が減少し、漁業に深刻な影響を与えることがあるとされている。そこで臼杵市では、広葉樹の植林など持続可能な森づくりを推進し、海藻の減少を防ぐことで漁業の振興を図っている。

また、臼杵市産業振興課内に「うすき海のほんまもん漁業推進協議会」の事務局を設置し、ほんまもん野菜と同様に、臼杵産魚介類を「臼杵ん地魚」としてブランド化し、消費拡大をめざしている。具体的には、ブランド確立推進事業として、季節ごとに重点ＰＲ魚種を絞った広報宣伝活動を実施している。地産地消推進事業として、臼杵産魚介類の販売促進シール作成、市外の飲食店認証普及活動制度の導入（島根県浜田市など）、朝市の活性化を図るための活動などを行っている。うすき海鮮朝市は、毎週土曜日の朝に開催され、せり落とされたばかりの新鮮な魚を購入し、大分県立海洋科学高校（旧大分県立津久見高等学校海洋科学学校）で無料でさばいてもらえるサービスが市民や近隣住民に好評のようである。

4　サーラ・デ・うすき

臼杵市には、ほんまもん農産物、臼杵ん地魚など、市がブランド化を図っている豊富な地域資源があふれている。第一次産品として強いブランド力をもつこれらの地域資源を活用し、六次産業化を強力に推進するための施設が、サーラ・デ・うすきである。中心市街地である八丁大路中央通り商店街と二王座歴史の道に近接するサーラ・デ・うすきは、以前は、マルチメディアを利用した「ものづくりや人の交流・地域のＩＴ拠点」として二〇〇二（平成一四）年に設立された。急速にＩＣＴの普及・高度化が進むなかで、当初の役割を終えたサーラ・デ・うすきは、大規模なリノベーションが行われ、現在の施設に生まれ変わった。行政では担当できない部分を担うため、二〇一五（平成二七）年度より、市内企業や臼杵市が出資する株式会社まちづくり臼杵が施設の運営を受託している。

サーラはポルトガル語で居間を意味し、生まれ変わったサーラ・デ・うすきは、居間としての憩い、集いに加え、臼杵の強みである食をテーマに、「臼杵の台所」として食の情報発信・継承やチャレンジをテーマとした施設である。サーラ・デ・うすきのなかで、農産物、海産物など地域資源の加工品開発や商品化によって臼杵市の六次産業化を支援する施設が、臼六オープンラボである。このオープンラボには、農産物や海産物を最適な状態で乾燥できる食品乾燥機、肉や魚などの細胞を破壊せずに短時間で急速冷凍することができる機械などが設置され、市内の事業者は無料で使用することができる。専任のアドバイザーによる加工開発のアドバイスを受けながら試作品をつくるだけではなく、カップシーラーや真空包装器など商品化に必要な機器も使用できる。また、併設されている「つまみキッチン」では、加工開発セミナー、研修会、料理講座などが開催され、市内事業者の六次産業化を強力に支援している。

サーラ・デ・うすきのなかには、市民や観光客に臼杵のこだわりの食を味わってもらうためのレストランが三店ある。筆者は、地元の海産物が味わえるレストラン「うすき魚心《うおしん》」へ来訪し、タチウオ、マダイ、クログチ、かぼすブリなど、臼杵ん地魚を刺身、揚げ物、丼などで堪能した。ここでは、時間限定のバイキング方式のランチが、二〇〇〇円弱という価格設定で提供され、一七時以降は一〇名以上の予約が入った場合のみ営業を行っている。店内には、豊後水道で獲れた新鮮な地魚が泳ぐ姿を眺めることができる大きな水槽があり、臼杵の食文化を体感できる。

多くの市民、事業者、観光客などの利用が見込まれるサーラ・デ・うすきには専用駐車場がない。最寄りの市営駐車場からは少し距離があるため、来訪者は不便に感じるかもしれない。しかし、サーラ・デ・うすきの横に立地しているスーパーマーケットには有料駐車場が併設されており、このスーパーマーケットまたはサーラ・デ・うすきを利用すれば、一時間無料で駐車場を利用することができる。地域資源の六次産業化を図るためには、地元の商工業者との連携が不可欠である。地元商店街、駐車場運営会社、来訪者および市にとってそれぞれメリットがあり、限られた中心市街地を共用する姿に、六次産業化にかける臼杵市の柔軟なアイデアの一端を垣間見ることができた。

Ⅳ　組織間連携と臼杵ブランドによる産業の促進

1　産や学との連携

地方創生の推進には、自治体など官のリーダーシップが不可欠であると同時に、産業界や大学、高等学校など教育機関との連携が重要な要素となる。全国的に産学官連携によって地方創生を推進している事例が多くあり、臼杵市においても、これまでに紹介したとおり、大分地域造船技術研修センターの運営を通じた造船業の振興、農林漁業の六次産業化などを進めるにあたり、産や学との連携を行っている。[20]

資料6-1　災害用備蓄缶詰「かぼすブリ」

特徴のある産学官連携事例として、かぼすブリを使った災害用備蓄缶詰の製造をあげることができる。かぼすは、臼杵の代表的な名産品であり、かぼすを餌にして育った養殖のブリは、さっぱりとした臭みの少なさが特長のブランド魚である。地元の大分県立海洋科学高等学校の生徒が、かぼすブリの缶詰を製造し、臼杵市が災害用備蓄物資として倉庫に保管している。市は市民に災害用備蓄缶詰の普及啓発活動を行い、缶詰が普及することで、地元の魚を使用した地産地消が促進される、といった好循環が生まれている。

新たな産学官連携として注目されているのが、学校給食による地産地消である。臼杵市第二次総合計画において、安定的な水産業経営の実現という施策の指標として「特産魚を使用した給食メニューの年間導入回数」が掲げられている。[21] 学校給食の予算的制約もあり、学校給食に特産魚を使用した給食メニューが年間数回導入されたとしても、大幅な生産額の増加が期待できるわけではない。しかし、長期的な視点に立てば、学校給食で地元の特産魚に慣れ親しんだ児童や生徒が、潜在的な消費者となる可能性が想定される。そのため、単に給食メニューとして特産魚を登場させるだけではなく、漁業就業者、行政、学校関係者が産学官連携によって、栄養価が高く、児童や生徒に好まれる給食メニューを開発することが期待される。

2　心に響くマーケティング

映像による情報発信

国や自治体などが制作または制作を依頼する映画などの映像は、交通安全、人権擁護、消費者保護など、特定のテーマの啓発を目的とするものが多い。また、スポーツイベント、国際会議、外国企業の誘致などを目的として、国や自治体などが海外や国内他地域へのプロモーション用映像を制作する場合もある。

臼杵市が制作する映像のうち、以下に紹介する映画「一〇〇年ごはん」は、市民に対する特定テーマの啓発や市外からのイベントなどの誘致を直接の目的としているわけではなく、国や自治体が制作する多くの映像とは一線を画している。この映画は、有機農業の取り組みと食を中心とした臼杵市の文化や生活スタイルを紹介し、広く知ってもらうことをめざしている。そのため、特定テーマの啓発やイベントなどの誘致を目的とした映像によく見られる派手な演出や強調表現などは映画に含まれていない。

また、映画「一〇〇年ごはん」が、長期間にわたり、繰り返し上映されていることも大きな特徴である。通常、国や自治体が制作する映像は、期間を限定して上映されることが想定されている。二〇一三（平成二五）年に映画が完成してから二年一〇か月余りで約一三〇〇回自主上映された映画「一〇〇年ごはん」は、現在も上映が続いており、二〇一七（平成二九）年六月現在で、通算上映回数は一八〇〇回となっている。[22]

映画「一〇〇年ごはん」以外にも、毎月一回放映されるＣＡＴＶ番組「ほんまもんごはん」は、ほんまもん農産物生産者および有機野菜など地域資源を使ったレシピを紹介する人気番組として市民に好評だと聞く。塩屋俊《とし》監督（臼杵市出身。故人）による映画「種まく旅人〜みのりの茶〜」は、臼杵市内で茶の有機栽培を営む茶園農家をモデルとした作品で、映画を通じて臼杵市と市民のライフスタイルが紹介されている。これらの作品に共通しているのは、有機農業を通じて、臼杵市のライフスタイルやまちづくりの将来像を提示している点である。決して押しつけではなく、映像によって日常生活や将来のあるべき姿を臼杵ブランドとして表現し、伝えることは、それに共感する人々の心に響くマーケティングであり、地方創生を推進するための有効な手法ではないだろうか。

映画「一〇〇年ごはん」

この映画が制作されたきっかけは、ある農家が循環農法で生産した有機野菜である。この野菜は、地元だけではなく全国的にも評判のもので、当時の市長や市議会議員は、有機野菜の味だけではなく、「健全な魂は、健全な食べ物から」「健全な食べ物は、健全な土から」という生産者の想いに共感したという。そこで、共有した臼杵市の将来と将来を担う子どもたちへの想いを形にするため、映画「一〇〇年ごはん」が制作されることになった。

大林千茱萸監督によって制作されたこの作品は、臼杵市の有機農業の取り組みを記録したドキュメンタリー映画である。二〇一〇（平成二二）年から四年間、大林監督は臼杵市に通い詰め、撮影を行った。映画のなかでは、有機野菜の栽培を続ける生産者や市が全国に先駆けてつくった完熟堆肥の土づくりセンターの様子が「『一〇〇年単位の仕事』に携わる人々の物語」として取り上げられている。さらに、映画には「いまのワタシ」が「一〇〇年後のアナタ」に語りかけるというドラマが編み込まれており、過去・現在・未来が一連として立体的に浮かびあがるような設定になっている。

この映画の上映方法にも観客を魅了する工夫がされている。六五分間の上映後、大林監督によるトークセッション、臼杵市で生産された有機野菜を使った料理を楽しむ時間などが上映とセットで開催されることもあり、臼杵市で製造された完熟堆肥を持ち帰ることができる場合もあるという。

映画「一〇〇年ごはん」の宣伝は、ほぼホームページのみで実施されているにもかかわらず、映画を見た人々の口コミで評判が広がっている。現在では英語字幕版も制作され、海外でも上映されるようになっている。映画では、現在から未来へ有機農業を通じた食の安全についてメッセージを語りかける設定になっているものの、全国初の試みに試行錯誤しつつ、臼杵市と市民たちが未来へ向かって有機農業の取り組みを進める姿が中心に描かれている。臼杵のライフスタイルや将来像を臼杵ブランドとして発信することが、それに共感する臼杵ファンの増加につながっている。異例ともいえる映画のロングラン上映はその証左であり、実際に映画がきっかけで臼杵市へ来訪したり、移住したりするケースが増えているという。臼杵市産業施策の三つ目のキーワードは、映像を通じた心に響くマーケティングである。

3　臼杵ブランドとは何か

臼杵市産業施策の特徴を表す三つのキーワードとして、①六次産業化、②有機農業、③心に響くマーケティングをあげた。いずれも臼杵ブランドを構築するために必要とされる重要な要素である。臼杵市では、二〇一五（平成二七）年に臼杵ブランド推進室を設置し、ほんまもん農産物や臼杵ん地魚などの地域資源を使った新たな加工品開発、商品化、販売力強化などの支援が行われている。臼杵市ブランド開発支援事業補助金では、研究開発や施設整備に加えて、新たな商品開発や販路拡大に対して半額を一〇〇万円まで補助するなど、地域資源のブランド商品化や販売力強化に一層の重点が置かれている。

かぼす、タチウオなどの臼杵の地域資源は、百貨店のバイヤーが自ら足を運ぶほど高品質なものが多い。質の高い地域資源だけではなく、それらを通じた臼杵の生活スタイル、自然との共生といった考え方などが、臼杵ブランドとして認識され始めている。

臼杵ブランドに魅せられて、臼杵市へ移住する人が徐々に増加しつつあると聞く。臼杵市は、あえて都心ではなく、下北沢にアンテナショップを出店している。下北沢は、東京の都心にはない、独特の魅力があるまちといわれ、臼杵市の魅力にどこか通じるものがあるのかもしれない。アンテナショップに併設されているカフェの店主一家が、臼杵のライフスタイルに魅せられ、臼杵市へ移住した話を聞いた。映画「一〇〇年ごはん」の鑑賞をきっかけに移住した店主は、現在、八丁大路で同カフェの大分臼杵店を経営している（臼杵市の定住政策については、第九章で取り上げられている）。このように、臼杵市は、臼杵のライフスタイルに共感しそうな人々を中心にマーケティングを展開している。きわめて品質の高い地域資源を生産し、その生産に至るストーリーを映像化して伝えるマーケティング手法は、地方創生の推進にあたり有効な手法として注目されるべきではないだろうか。[23]

自治体の総合計画は、立派な計画が策定されるものの、計画の実効性がともなっていない点を指摘されることがある。臼杵市の場合、総合計画に描かれためざすまちづくりの将来像「日本の心が育つまち臼杵～『おだやかさ』と『たくましさ』を未来へつなぐ～」は単なる理想にとどまることなく、組織間連携によって市をあげて実行されている。臼杵市のライフスタイルや考え方が体現された、めざすまちづくりの将来像こそ、臼杵ブランドの中核をなすものであり、地域資源やその加工品である名産品には将来像の実現に向けた地元の人々の想いが詰まっているのである。

注

1 臼杵市（二〇一五a）『第二次臼杵市総合計画』一九頁。
2 『同上書』二二頁。
3 「施策の方針（10）社会経済を潤す」の具体的施策として、「商業の経営基盤強化及び中心市街地活性化」「地場企業の育成・企業誘致」および「雇用の確保・就労支援」があげられている。また、「施策の方針（11）おいしく安全な食材を創り活かす」の具体的施策として、「農林業の経営基盤強化と担い手育成」「『有機の里うすき』の実現」「安定的な水産業経営の実現」および「うすきブランドの開発と六次産業化の推進」があげられている。『同上書』六七頁。
4 『同上書』二五頁。
5 臼杵市（二〇一五b）『臼杵市まち・ひと・しごと創生総合戦略』七〇—七一頁。
6 臼杵市史編さん室編（一九九一）『臼杵市史（中）』臼杵市、四一九頁。
7 臼杵市史編さん室編（一九九〇）『臼杵市史（上）』臼杵市、一六八頁。
8 『同上書』。

9 臼杵市ホームページ、http://www.city.usuki.oita.jp/docs/2014013100624/、二〇一七年六月三〇日閲覧。

10 農林水産省「農林業センサス」。

11 臼杵市史編さん室編（一九九〇）『前掲書』一七三頁。

12 大分県漁協臼杵支店（二〇一四）「大分県漁協臼杵支店における漁業種類・生産額」一頁。

13 「同上稿」。

14 「同上稿」。

15 「同上稿」。

16 臼杵市ふるさと建設部産業促進課（二〇一五）「臼杵市内老舗企業一覧」一頁。

17 臼杵市史編さん室編（一九九〇）『前掲書』一八〇頁。

18 『同上書』一八〇―一八一頁。

19 臼杵市（二〇一五ａ）『前掲書』一一頁。

20 二〇一七（平成二九）年一月に実施した佐藤課長へのヒアリングによると、臼杵市が把握しているだけで、タチウオ、かぼす、茶、地元野菜などの生産、加工、販売において、現在七件の産学連携が実施されている。

21 二〇一五（平成二七）年度は、特産魚を使用した給食メニューは登場しなかったが、二〇一九（平成三一）年度の年間導入回数を五回とする目標が掲げられている。臼杵市（二〇一五ａ）『前掲書』八三頁。

22 臼杵市ホームページ、http://www.city.usuki.oita.jp/docs/2015020500025/、二〇一七年六月三〇日閲覧。

23 たとえば、臼杵市では、食農教育の推進として、グリーンツーリズム、うすきオーガニック映画祭なども開催されている。

参考文献

臼杵市（二〇一五a）『第二次臼杵市総合計画』。
臼杵市（二〇一五b）『臼杵市まち・ひと・しごと創生総合戦略』。
臼杵市史編さん室編（一九九〇）『臼杵市史（上）』臼杵市。
臼杵市史編さん室編（一九九一）『臼杵市史（中）』臼杵市。

第7章

臼杵市の結婚・出産・子育て支援と地方創生

一八歳までの包括支援

Ⅰ　若い世代の結婚・出産・子育て支援が求められる背景

1　人口減と出生率低下[1]

わが国の人口は二〇〇八（平成二〇）年から減少に転じている。二〇一五（平成二七）年一億二七一〇万人から二〇三五年一億一五二二万人に、二〇年間で九・三パーセント減少すると推計されている。

一方、臼杵市の人口は二〇一五（平成二七）年三万九三〇三人から二〇三五年二万九七三八人に、二四・三パーセント減少すると推計され、減少倍率は国の二・六倍である。また、二〇三五年には、わが国の一四歳以下人口一〇・八パーセント、六五歳以上人口三二・八パーセントに対し、臼杵市の一四歳以下人口九・二パーセント、六五歳以上人口四一・三パーセントが推計されている。この間に、臼杵市は人口が四分の一減少し、高齢化率が四〇パーセントを超えることになる。わが国が直面する人口減少と少子高齢化による地域・社会の担い手減少や経済社会の縮小等に、臼杵市は先んじて直面する。

人口増減の要素は、出生数と死亡数の差である自然増減および転出数と転入数の差である社会増減からなる。総務省統計局人口推計（二〇一六（平成二八）年一〇月一日現在）では、社会増減は二〇一三年から四年連続でプラスになっており、国レベルでは社会増減（日本人について）入国者数－出国者数＋国籍異動者数）は、人口減に大きな影響はないことを示している。したがって、国家全体の人口減は、自然増減に焦点を当てる必要がある。自然減をくい止めるためには、合計特殊出生率[2]を人口置換（維持）水準である二・〇七にする必要がある。しかし、わが国は一九七三（昭和四八）年の二・一四をピークとして、二〇一五（平成二七）年は一・四五であり、臼杵市は一・四六である。

2　出生率低下の要因と対策

「平成二九年版少子化社会対策白書」（第一九三回国会（常会）提出）では、少子化の現状として、出生数、出生率および婚姻数の減少、晩婚化等が示されている。[3]未婚者が増えて、出生数が減る背景として、結婚したい希望があっても男女がめぐりあう機会がないことや男性の非正規雇用等の不安定な就労状況があげられている。[4] また、出生数が減る背景として、①子育てや教育の経済的な負担が多いこと、②高年齢で産みたくないこと、③子どもができないこと、④非正規雇用等で出産後の就業が継続できないこと、⑤夫の家事・育児参加が少ないことなどがあげられている。[5]

少子化対策の重点課題として、①子育て支援施策の一層の充実（子ども・子育て支援新制度の円滑な実施、待機児童の解消、「小一の壁」の打破）、②若い年齢での結婚・出産の希望が実現できる環境の整備（若者の雇用の安定等、結婚に対する取り組み支援）、③男女の働き方改革の推進（男性の育児休業の取得促進等、育児休業や短時間勤務等のワーク・ライフ・バランス等）、④地域の実情に即した取り組み支援（地域の強みを活かした取り組み支援、地方創生との連携）が示されている。[6]

3　婚姻・出産の現状[7]

婚姻数が減り、未婚者が増え、晩婚化し、産む子どもの数が減少している。婚姻数は一九七〇年代前半の年間一〇〇万組から年間六三万組に約四割減少した。生涯未婚率（五〇歳時の未婚率）は一九七〇（昭和四五）年の男性一・七パーセントから二三・四パーセントへ、女性三・三パーセントから一四・一パーセントに大きく上昇している。また、平均初婚年齢は一九八五（昭和六〇）年の夫二八・二歳から三一・一歳へ、妻二五・五歳から二九・四歳へと上がり晩婚化している。母親の平均出産年齢は第一子三〇・七歳、第二子三二・五歳、第三子三三・五歳になり、一九八五（昭和六〇）年に比べそれぞれ四・〇歳、三・三歳、二・一歳の上昇がみられる。そして、夫婦の完結出生児数（結婚持続期間が一五―一九年の初婚どうしの夫婦の平均出生子ども数）は二〇一五（平成二七）年には一・九四と過去最低となっている。

4　結婚をめぐる意識等の現状[8]

未婚者（一八―三四歳）のうち「いずれ結婚するつもり」と答えた者の割合は、男性八五・七パーセント、女性八九・三パーセントであり高い水準であるが、未婚者（二五―三四歳）に独身でいる理由をたずねると、男女ともに「適当な相手にめぐりあわない」（男性：四五・三パーセント、女性：五一・二パーセント）が最も多くなっている。男性の就労形態別有配偶者率をみると、「正社員」では二五―二九歳で三一・七パーセント、三〇―三四歳で五七・八パーセントであり、「非典型雇用（パート、アルバイト、派遣社員、契約社員・嘱託など）」では二五―二九歳で一三・〇パーセント、三〇―三四歳で二三・三パーセントであり、「正社員」の半分以下となっている。また、「非典型雇用のうちパート・アルバイト」では二五―二九歳で七・四パーセント、三〇―三四歳で一三・六パーセントであり、「正社員」の四分の一以下となっているなど、就労形態の違いにより配偶者のいる割合が大きく異なっている。

5　出産・子育てをめぐる意識等の現状[9]

夫婦にたずねた理想的な子どもの数は一九八七（昭和六二）年二・六七人から低下し、二〇一五（平成二七）年は二・三二人と過去最低となった。また、夫婦が実際にもつつもりの子どもの数も、過去最低二・〇一人となった。理想の子ども数をもたない理由としては、「子育てや教育にお金がかかりすぎるから」（五六・三パーセント）が最も多く、次に多いのが、「高年齢で生むのはいやだから」（三九・八パーセント）や「欲しいけれどもできないから」（二三・五パーセント）である。また、第一子の出産前に就業していた女性のうち、出産後に就業を継続した女性の割合は、これまでの四割前後から、二〇一〇（平成二二）年から二〇一四（平成二六）年に出産した女性では、五三・一パーセントへと大幅に上昇した。育児休業を利用して就業を継続した女性の割合は、二〇一〇（平成二二）年から二〇一四（平成二六）年に第一子を出産した女性では、三九・二パーセントとなっている。「正規の職員」と「パート・派遣」に分けて出産後の就業継続割合をみると、「正規の職員」は六九・一パーセントであるのに対し、「パート・派遣」は二五・二パーセントとなっている。夫の休日の家事・育児時間と第二子以降の出生状況をみると、両者には正の関係性（家事・育児時間：なし―一〇パーセント、二時間未満―三二・八パーセント、二時間～四時間―五九・二パーセント、四時間～六時間―七九・七パーセント、六時間以上―八七・一パーセント）がみられる。六歳未満の子どもをもつ夫の家事・育児時間は一日当たり六七分であり、米国二時間五三分、英国二時間四六分、フランス二時間三〇分、ドイツ三時間、スウェーデン三時間二一分等に比べて二分の一以下である。

Ⅱ　少子化対策の国家指針

1　少子化対策大綱

「少子化対策大綱」（二〇一五（平成二七）年三月二〇日閣議決定）では、今後五年間を集中取組期間として、結婚、妊娠・出産、子育ての各段階に応じた切れ目のない取り組みを行うことを基本的な考え方として、以下の重点課題をあげている。[10]

① 「子ども・子育て支援新制度」（二〇一五（平成二七）年四月施行）の円滑な実施

幼児期における教育・保育の提供、地域の子ども・子育て支援を総合的に推進する。認定子ども園や小規模保育所等の量的拡充、妊婦健診、乳児家庭全戸訪問、一時預かり、放課後児童クラブ事業、地域子育て支援拠点支援事業などを市町村が実施主体として行う。

② 若い年齢での結婚・出産の希望の実現

初婚年齢や第一子出産年齢の上昇、未婚率の増加、非正規雇用男性労働者の未婚率の高さが少子化の要因である。そのため、若者の経済基盤安定および婚活など結婚に対する取り組み支援を行う。

③　多子世帯への一層の配慮

子育て、保育、教育、住居などの負担軽減に取り組む。地方自治体、企業、公共金融機関などにより、多子世帯への一層の配慮・優遇措置を促進する。

④　男女の働き方改革

男性の家事・育児参加ができ、女性の育児休業取得や短時間勤務がしやすい職場環境整備を図る。

⑤　地域の実情に即した取り組み強化

地方の強みを活かし、「地方創生」と連携した取り組みを推進する。

2　地方創生（まち・ひと・しごと創生）

「まち・ひと・しごと創生基本方針」（二〇一五（平成二七）年六月三〇日閣議決定）では、少子高齢化に歯止めをかけ、地域の人口減少と経済縮小を克服し、将来にわたって成長力を確保することを基本方針としている。国と地方公共団体ともに、二〇一九年度までの五か年戦略を策定・実行し、重要業績評価指標で検証・改善を行うものとされている。施策の方向性は、①地方における安定した雇用の実現、②若い世代の結婚・出産・子育ての希望をかなえる、③地方への新しい流れをつくる、④時代に合った地域をつくり、安全な暮らしを守るとともに地域と地域を連携することである。[11]

Ⅲ　臼杵市における子ども・子育て支援事業の取り組み

「子ども・子育て支援新制度」により、「市町村子ども・子育て支援事業計画」の二〇一九年度までの五か年を一期としての策定、就学前までの教育・保育および地域子ども・子育て支援事業の提供体制確保および小学生対象の放課後児童クラブ事業実施が求められている。

「臼杵市子ども・子育て支援事業計画」の先進性は、①〇歳（結婚・妊娠期も含める）から一八歳までの子ども・青少年とその家庭を対象としていること、②学校教育における保健対策・食育・読書指導・学校教育指導目標が施策の展開として含まれていることである。「子ども・子育て支援新制度」においては、六歳以上の少年および学校教育方針は対象外である。臼杵市子ども・子育て支援事業は、幼児期と就学期のつながりをもった青年期までの切れ目のない子ども・子育て支援、および保健、福祉および学校教育などの円滑な連携による包括的支援を可能とするものである。

1　臼杵子ども・子育て総合支援センター（臼杵版ネウボラ）の開設

フィンランドの「出産・子どもネウボラ」（地域の拠点場所）では、妊娠期から就学前にかけての子どもと家族に対し、産前・産後・子育ての切れ目ない支援を行っている。二〇一六（平成二八）年に臼杵版ネウボラとして子育て総合支援センター「ちあぽーと」を新設し、保険健康課母子保健グループと福祉課子育て支援室を統合した「子ども子育て課」をそこに置いた。教育委員会の関係組織を統合することはできなかったが、教育委員会所属のスクールソーシャルワーカーや臨床心理士が保健・福祉・教育の連携を図っている。また、子育て支援コーディネーター、家庭児童相談員、母子・父子自立支援員、臨床心理士などが相談対応や個別支援にあたる。妊娠期から一八歳までの小中学校の就学援助や幼稚園入園・小中学校入学手続きを含むさまざまな相談にワンストップで切れ目のない対応を行っている。また、子育て中の保護者と子どもの憩いと遊びの場になっている。なお、子育て世代包括支援センターについては「少子化社会対策大綱」および「まち・ひと・しごと創生基本方針」において、おおむね二〇二〇年度末までに、妊娠期から子育て期にわたるまでのさまざまなニーズに対応するため、地域の実情などを踏まえながら、全国展開をめざすこととされている。臼杵子育て総合支援センター「ちあぽーと」は子育て世代包括支援センターに分類されるものであるが、妊娠期から子育て期を超えて一八歳までの包括支援を志向することが特徴的である。

2　幼児教育施設・保育施設の必要量の確保

臼杵市には待機児童はいないが、潜在的なニーズが見込まれるため、認定子ども園や保育所の定員増員や認定子ども園への移行を計画している。二〇一八（平成三〇）年に臼杵地域、二〇一九年に野津地域の潜在的ニーズが充足されるように取り組んでいる。認定子ども園は保護者の就労や家庭の状況が変わっても、児童が居場所を変わる必要がないため、認定子ども園の創設を推進している。

3　子ども・子育て支援法に基づく子育て支援事業

臼杵市はファミリーサポート事業などを除いて、子ども・子育て支援法で定められたサービス[12]のほとんどを提供している。

①　利用者支援事業……臼杵市子ども・子育て総合支援センター・ちあぽーとに子育て支援コーディネーターを配置し、利用者が多様な子育て支援サービスのなかから適切なものを選択できるよう、教育・保育施設や地域の子育て支援サービスの利用に関する情報提供を行うとともに、子育て家庭からの相談に応じ助言や関係機関との連絡調整を行う。また、子育て携帯サイト「すこやか臼杵っ子」で子育て情報を発信している。

②　延長保育事業……保育所や認定子ども園などで、保護者の就労などにより通常の保育時間を延長して保育を行っている。

③　放課後児童クラブ事業……保護者が就労などにより昼間家庭にいない児童を対象として放課後等に適切な遊びと生活の場を提供し、放課後児童の健全育成を図っている。二〇一九年までに一四ク

ラブから一六クラブに増やすとともに、放課後子ども教室との連携を進めている。

④ 子育て短期支援事業……児童の養育が一時的に困難となった場合や、平日の夜間や休日に不在のため家庭での養育が困難な場合に、児童福祉施設において子どもを預かる。大分市および別府市の四施設に委託し、実施するようにしている。短期入所（ショートステイ）と夜間預かり（トワイライトステイ）がある。

⑤ 養育支援訪問事業……養育について支援が特に必要であると判断された家庭に対し、ヘルパーなどによる育児・家事支援また保育士や保健師による指導助言を行うことで、個々の家庭における養育の諸問題解決を図る。

⑥ 地域子育て支援拠点事業……小学校就学前の児童とその保護者が集まり、一緒に遊びながら交流するふれあいの場を提供するとともに、子育てに役立つ情報の提供や子育てに関する悩みなどの相談を行う。市内四か所の拠点があり、野津地域については一か所増設され、現在五か所となっている。

⑦ 一時預かり事業……私立幼稚園、認定子ども園などにおいて教育時間の前後や長期休暇などに、在園児を対象とした預かり保育を行っている。また、在宅児が家庭において保育を受けることが一時的に困難となった場合やリフレッシュのために、保育所、認定子ども園などで一時的に預かることができる。

⑧ 病児・病後児保育事業……家庭で保育が困難な病気の子どもを病院併設の保育施設で一時的に預かることができる。

4　妊娠期から支える子育て支援

① （子ども・子育て支援法に基づく）妊婦健診……妊娠中の異常を早期に発見し、適切な治療や保健指導につなぐ事業であり、大分県医師会・大分大学医学部付属病院と契約し、受診できるようにしている。一般妊婦健診一四回、血液検査二回、子宮頸がん検査、B群溶血性レンサ球菌検査、妊婦超音波検査（出産予定日当日に三五歳以上の妊婦対象）についての助成である。

② 妊婦の歯科健診、プレパパ・プレママセミナー（妊婦教室）の推進

③ ペリネイタルビジット（産婦人科医と小児科医の連携）事業の推進

④ ヘルシースタートおおいた事業……保健・医療・福祉・教育が連携し、産科・小児科と母子保健支援者連絡会、母子保健連絡会を行い、要保護児童対策地域協議会と連携を図り、妊娠期からの支援を行う。

⑤ （子ども・子育て支援法に基づく）乳児家庭全戸訪問事業……生後四か月までの乳児がいるすべての家庭を保健師・看護師が訪問し、親子の心身の状況確認と必要な育児サービスを紹介する。また、母親の生活習慣病予防を行う。

⑥ 乳幼児の健康診査……四か月、一〇か月、一歳六か月、三歳六か月健診により、月齢に応じた乳幼児の健康状態を確認するとともに、早寝早起きなどの生活リズムを身につけられるよう、また、

月齢に応じた心身の発達や食事について保護者の学習を支援する。

⑦　歯科保健事業……各乳幼児健康診査での歯科健診および歯科衛生士による集団・個別歯科指導を実施し、むし歯予防などの歯科保健事業を勧め、フッ化物塗布券を交付する。

⑧　子どもの頃からの生活習慣病予防教室の実施……乳幼児期には保護者の食育に取り組み、食生活改善のための学習に取り組む。小学校や中学校と連携し、体の仕組みや病気と適切な食習慣（食事バランス・塩分糖分の摂り方など）の関係を理解し実践できるよう健康教室を実施する。高校と連携し、高校生に体脂肪・血圧測定、食事アンケートなどを行い、高校生の食生活の乱れや体調に変化をきたしている状態の原因を理解し改善できるよう健康教室を実施する。

⑨　学校教育での健康づくりの推進……「早寝、早起き、朝ごはん」に関して、児童・生徒の成長のために基本的な生活習慣の確立が不可欠であるという視点から、学校通信やＰＴＡなど、さまざまな機会を通して保護者に啓発する。「歯と口の健康」に関して、しっかり噛むことやバランスよく食べることの大切さについて学習するとともに学級担任を中心として給食後の歯磨き指導を行う。

5　児童虐待防止対策

乳幼児健康診査未受診など虐待の恐れのある家庭を早期に発見し、児童相談所、警察と連携して、適切な保護のための対応を取る。学校においては、子どもたちの状況把握を迅速に行い、虐待の疑いのある場合は学内の情報共有と関係機関への情報提供を行う。

6　障がい児等への支援

① 早期発見・早期支援……五歳時健診兼発達相談会に医療、保健、福祉、教育関係者が連携して巡回訪問を行い、発達障害の発見と支援の実施、保護者の育児不安軽減と児童虐待予防に取り組む。幼児教室では、発達に不安のある子どもに対する接し方や遊びを通した発育と発達の促し方を教える。

② 小中学校における特別支援教育の推進……特別支援学級のみでなく、通常の学級に在籍する発達障害のある児童・生徒の自立や社会参画に向けた支援を行う。支援員や専門委員を適切に配置し、特別支援コーディネーターを中心にした校内支援体制確立と関係機関との連携を行う。

7　ひとり親や生活困窮子育て家庭等への自立支援

① ひとり親の子育てや生活、就業などに関する不安や悩みに対処し、援助するため、母子・父子自立支援員を配置する。

② ひとり親に対する児童扶養手当の支給や医療費助成、また母子、父子、寡婦福祉資金の貸付な

ど、経済的支援を行う。

③　ひとり親家庭および寡婦家庭の自立に向けた職業能力の向上およびハローワークと連携し、ひとり親家庭へ優先的に求人紹介を行う事業を推進する。

④　生活困窮家庭の保護者に自立支援教育訓練給付金や高等職業訓練促進給付金などを支給することにより、就業に有利な技能・資格取得の機会を増やし自立を促進する。

⑤　生活困窮家庭や子どもに対し、総合相談窓口を設置するとともに、生活困窮者自立支援制度の自立相談支援機関、児童福祉関係者、教育委員会などの関係機関が連携し支援に取り組む。

⑥　小学校や中学校で低所得者層への支援として行っている、就学援助費や各種奨学金等の周知を徹底する。

⑦　生活困窮世帯やひとり親家庭などの子どもたちに学習支援を行うとともに、保護者に対し、学び直しや就労支援を行う。

8　医療費、保育料の助成

①　不妊治療費の助成……不妊症と診断された場合、人工授精に対し、助成額は一回の治療につき五万円を上限とし、助成回数は一年通算三回まで助成する。

②　未熟児養育医療費の助成……発育が未熟なまま出生した赤ちゃんで、指定養育医療機関での特別

な医療を必要とする場合、母子保健法に基づき医療費の給付を行う。

③　子ども医療費の助成……未就学児は入院・通院費無料、小中学生は入院費無料、通院費は一回五〇〇円、月四回までの自己負担があるがそれ以上の受診は無料である。

④　保育料の多子軽減……幼稚園（第一子が小学三年生まで）は第二子半額、第三子無料、保育所（第一子が就学前までの場合）は第二子半額、第三子無料などの軽減を行う。

Ⅳ　教育を通じた子育て支援

臼杵市は二〇一五（平成二七）年から小中一体教育を全市的に展開した。五つの中学ブロックに一一小学校が属し、そのなかで小中一体教育が図られている。めざす一五歳の子どもの姿は、「学ぶ力」「誠実さ」「たくましさ」を身につけた臼杵が好きな子どもであり、小中一体教育とは、「めざす子どもの姿」を学校、家庭、地域が共通理解して、義務教育九年間を見通した系統的な教育を行うことである。また、「めざす子どもの姿」に向かって系統的に教育を行う小中一体教育の理念は、義務教育以外のプロセスにおいても展開されている。臼杵市家庭教育基本方針は、乳幼児期、学童期、思春期の一貫した指針として、家庭教育における小中一体教育の実践事例である。そして、幼稚園・保育園・認定子ども園と小学校は幼保小連絡協議会をつくり、互いに現場に行き連携を深めている。めざす六歳の子どもの姿と身につけたい力を明確にした幼児教育基本方針を作成中である。さらに、臼杵高校の生徒は中学校の補習授業に参加し、学習をサポートしている。

1　臼杵市家庭教育基本方針

めざす子どもの姿を「生きる力」が身についた子ども、めざす親の姿を子どもが安心できる居場所「心のふるさと」になる親として、乳幼児期、学童期、思春期の子育てのそれぞれの指針を具体的に示している。この指針は、保育園、幼稚園、小中学校に配布されている。

2　学力向上対策

二〇一六（平成二八）年度全国学力状況調査結果（大分県内で最下位）を踏まえた、授業力向上を中心にした学力向上対策に迅速に取り組まれている。大分大学教育学部や全国から先進的な授業改善や学力向上の取り組みを行っている複数の講師を招き、臼杵市教育関係者の研修が行われた。校長会主体で、教頭会、学力向上支援教員などと市教委指導主事を中心にすべての学校で学力向上の取り組みが進められ、学校や教師による授業力の差を生まないチーム臼杵の取り組みを志向している。

①　小学校の連携……小学校四～六年の冬休みの宿題を統一している。定期的な小学校問題編集会議

を開催し、小学校全体フォルダに単元末テスト、教材プリントなどを全小学校で共有している。
② 中学校の連携……全中学校で、週四日、部活前に表現力を問う一五分間テストを全教員で実施している。中学数学実力向上のために、学力向上支援教員をリーダーにすべての数学教員を対象に「数楽 Project 2017」として、さまざまな授業改善などの取り組みを行っている。
③ すべての教科部会の班長（学校長）から定期テスト改革の指示……定期テストに表現力を問う問題を全教科出題し、全体共有フォルダで定期テスト情報を共有している。
④ 小中一体教育……「臼杵市共通問題（春休み）」を小学校卒業生へ配布し、中学入学直後の「臼杵市統一の入学テスト」の実施につなげている。この中学入学時のテスト結果を、小学校へフィードバックすることで、小学校の教科指導の改善につなげている。中学校英語科の小学校外国語活動への乗り入れ授業を行うことで、小学校との連携を図っている。数学学力向上支援教員と小学校指導教諭および算数学力向上支援教員との連携を図っている。国語の「読み」の能力を高める系統的指導を行うために、小学校と中学校の学力向上支援教員が連携を行っている。
⑤ 大分県教委三つの提言推進重点校「西中学校」を核とした全中学の授業改善……大分県教委三つの提言とは、授業改善のための「タテ持ち」「新大分スタンダード」「生徒による授業評価」である。「タテ持ち」とは一人の教師が中学三学年を一クラスずつもつことにより、同一教科の教員が教科部会において協働で授業案をつくる方式である。全国学力テストトップクラスの福井県で行われている方式である。「新大分スタンダード」とは一時間完結型授業、板書の構造化などの授業改

善のための大分県教育委員会の推奨モデルである。二〇一七（平成二九）年度の推進重点校に指定された西中学校の教科部会にほかの四中学校が参加し、全中学の授業改善を行う。「新大分スタンダード」は全小中学校で二〇一七（平成二九）年度から実施、「タテ持ち」は二〇一八（平成三〇）年度から全中学で実施し、「生徒による授業評価」は二〇一八（平成三〇）年度から全学校で実施する。

二〇一七（平成二九）年度大分県学力定着状況調査結果は飛躍的な向上がみられた。図表七―一が示すように、臼杵市の小中学校はほとんどの科目で偏差値五〇を下回り、大分県の偏差値に達することはまれであった。二〇一四（平成二六）年度は中学理科を除く全科目で偏差値五〇を超え、大分県の偏差値をわずかであるが上回った。しかし、二〇一五（平成二七）年度は、中学校では国語以外の科目は偏差値五〇を下回り、小学校では理科を除く科目が大分県偏差値を下回る結果であった。図表七―二が示すように、二〇一六（平成二八）年度は中学校では国語／知識、数学／活用および理科／活用が偏差値五〇に達したが、すべての科目で大分県偏差値を下回り、中学校の偏差値が低い状況は変わらなかった。ところが、二〇一七（平成二九）年度に、中学校社会科・活用を除く小学校および中学校のすべての科目が偏差値五〇を超え、中学校社会／活用においても偏差値四九・九でありもう一歩で偏差値五〇に達する。また、小学校の理科／知識・活用、中学校の数学／知識、理科／知識を除くすべての科目で大分県偏差値を上回っており、小学校の理科／知識、中学校の数学／知識および理科／知識と大分県偏差値との差は〇・一である。このテスト結果は臼杵市の学力向上対策の効果が表れてきたものと考えられる。

図表 7-1　大分県学力定着状況調査　臼杵市偏差値推移

年度		2011			2012			2013			2014			2015		
		臼杵市	大分県	県との差	臼杵市	大分県	県との差	臼杵市	大分県	県との差	臼杵市	大分県	県との差	臼杵市	大分県	県との差
小学校	国語	48.9	49.4	−0.5	49.0	50.2	−1.2	50.3	51.2	−0.9	51.9	51.8	0.1	50.8	51.4	−0.6
	算数	48.6	50.3	−1.7	51.0	51.2	−0.2	50.4	52.1	−1.7	52.1	52.1	0.0	52.4	52.5	−0.1
	理科				47.8	49.0	−1.2	49.7	50.9	−1.2	52.5	51.9	0.6	52.2	52.0	0.2
中学校	国語	50.0	50.2	−0.2	48.1	49.9	−1.8	50.2	50.4	−0.2	51.0	50.6	0.4	50.1	50.6	−0.5
	数学	49.1	50.8	−1.7	48.2	50.2	−2.0	51.3	50.7	0.6	51.5	51.1	0.4	49.4	51.0	−1.6
	理科	48.9	50.0	−1.1	47.6	49.2	−1.6	48.2	49.1	−0.9	49.9	50.3	−0.4	49.5	49.9	−0.4
	英語				49.1	50.2	−1.1	49.0	50.0	−1.0	53.4	52.5	0.9	49.1	50.6	−1.5

（出所）　臼杵市教育委員会（2017a）「『教育県大分』創造に向けた地域別意見交換会」（平成 29 年 5 月 2 日）6 頁。

図表 7-2　大分県学力定着状況調査　臼杵市偏差値一覧

年度		小学校						中学校									
		国語		算数		理科		国語		数学		理科		英語		社会	
		知識	活用	知識	活用	知識	活用	知識	活用	知識	活用	知識	活用	知識	活用	知識	活用
2017	臼杵市	52.8	51.8	53.6	53.5	51.8	50.5	53.0	51.1	50.2	50.5	50.7	50.3	50.8	51.3	51.7	49.9
	大分県	51.5	51.1	51.5	51.7	51.9	51.2	50.9	49.8	50.3	50.3	50.8	50.2	50.0	49.8	50.5	49.5
	県との差	1.3	0.7	2.1	1.8	−0.1	−0.7	2.1	1.3	−0.1	0.2	−0.1	0.1	0.8	1.5	1.2	0.4
2016	臼杵市	53.0	52.2	53.1	53.0	52.0	52.9	50.5	48.8	48.7	50.2	49.7	50.0	49.3	49.7		
	大分県	52.5	51.6	52.4	52,4	52.1	51.1	51.0	49.4	51.0	50.5	50.6	50.5	49.9	49.9		
	県との差	0.5	0.6	0.7	0.6	−0.1	1.8	−0.5	−0.6	−2.3	−0.3	−0.9	−0.5	−0.6	−0.2		
「県との差」の増減		0.8	0.1	1.4	1.2	0.0	−2.5	2.6	1.9	2.2	0.5	0.8	0.6	1.4	1.7	—	—

（出所）　2017 年度に関しては、2017 年 7 月 26 日に大分県教育委員会義務教育課に電話で聴取し、筆者作成。2016 年度に関しては、臼杵市教育委員会（2017a）「『教育県大分』創造に向けた地域別意見交換会」（平成 29 年 5 月 2 日）6 頁。

3　いじめ・不登校対策

いじめ・不登校の未然防止と初期対応のため、小学六年生と中学一年生にＱＵ（Questionnaire-Utilities）検査を実施し、学校生活意欲と学級満足度から個人と集団の分析を行っている。ＱＵ検査結果の早期対応を行うために、必要な学校には地域不登校防止推進教員を派遣している。また、「学校いじめ防止基本方針」を全校で策定し、校内生徒指導員会を定期的に開催し、情報共有を行っている。臼杵市適応指導教室「きずな」を臼杵地区と野津地区に設置し、いじめ・不登校の相談・指導・援助などを行っている。適応指導教室「きずな」では、不登校の子どもたちの学習と自主活動の場を週五日（野津分室は週三日）提供し、適応指導員がサポートしている。「きずな」で学習した日は、小中学校出席扱いとして学校給食を配食している。家庭環境や発達の問題を要因とした事例も多く、スクールソーシャルワーカー（社会福祉士）を中心にした関係機関の組織連携を行っている。

不登校は学校内だけでは解決できないことがあるため、地域不登校防止推進教員やスクールソーシャルワーカー（社会福祉士）および適応指導教室「きずな」がかかわることにより、家庭、児童・生徒本人や友人などのさまざまな要因に多面的に取り組んでいる。臼杵市のいじめ・不登校対策は、スクールソーシャルワーカーなどをコーディネーターとして、子どもと家庭を支援する関係機関（家庭児童相談員、児童相談所、医療関係、警察、人権同和対策課、子ども子育て課など）の連携により解決を図る組織横断的な取り組みである。

4　臼杵の歴史と文化から学び発信する取り組み

臼杵の歴史が学べる冊子『臼杵の歴史発見ルート18』を教材にして、小五から中二までを対象に「臼杵っ子検定」を実施している。上級合格の子どもたちのなかから希望者は、国宝臼杵石仏についての講習を四回受けた後、「臼杵っ子ガイド」として石仏のガイド活動を年間四回程度行うことができる。同じように、「臼杵っ子検定」上級合格の子どもたちのなかから希望者は、臼杵市歴史資料館についての講習を四回受けた後、「臼杵っ子学芸員」として臼杵市歴史資料館内で絵図についての案内を年間四回程度行うことができる。

5　給食畑の有機農産物野菜の取り組み

地元で採れた安全な野菜を学校給食に使用する給食畑の取り組みを二〇〇五（平成一七）年から行っている。給食畑は臼杵市「有機の里づくり」の「食」と「農業」の信頼関係に重点を置いた農業と連動した取り組みである。臼杵市土づくりセンターで生産する草木を主原料とした「うすき夢堆肥」などの完熟堆肥による土づくりに重点を置いた有機農産物の生産拡大を図っている。

給食畑の野菜使用率は臼杵学校給食センターでは調理数二八一八食に対し三四パーセント、野津学校給食センターでは調理数三六八食に対し四〇パーセントであり、使用率五〇パーセントをめざしている。

筆者は二〇〇八（平成二〇）年に国東市監査事務局職員として、中国産野菜の残留農薬問題を念頭に四学校給食センター、四市営保育所、二市営養護老人ホーム、一市営特別養護老人ホームおよび市民病院を監査し、食材調達状況に関する調査を行ったことがある。一部の保育所や養護老人ホームでは地元食材による手づくりの調理が行われていたが、多くの施設ではカット野菜の使用が見られ、一つの給食センターでは地元食材がほとんど使用されていなかった。臼杵市学校給食センターは三一八六食の多大な調理数であり、四割近い地元野菜を調達することは生産者の食育に対する理解がなければできないことである。またカット野菜を使わず手作りで調理することは、職業倫理が高くなければできないものと考える。

6　協育コーディネーターを活用した学校・家庭・地域をつなぐ事業

臼杵市は五中学ブロックごと、家庭教育、読書、人権同和の分野ごとにコーディネーターを配置している。地域人材を活用した学校支援や放課後児童クラブと放課後子ども教室の開催、家庭教育支援の仕組みづくり、学校図書館専門員と市立図書館と歴史資料館の連携などを行っている。

V　臼杵市における結婚・出産・子育て支援と地方創生

臼杵市婚活推進協議会が中心になり、婚活事業の企画や関係団体間での婚活情報共有、フェイスブックでの情報発信を行っている。臼杵市婚活推進協議会は、農業後継者グループ、グリーンツーリズムグループ、商工会議所青年部、若者交流実行委員会などの代表一一名による自主的な集まりである。臼杵市の婚活支援の特徴は行政が援助しているが民間主導ということである。また、市が委嘱した一二名の結婚支援員「イランショワさん」に結婚相談者の仲介をお願いしている。イランショワさんとは世話やきさんという意味である。

二〇一六（平成二八）年度は、婚活啓発講演会は二回開催（参加者三六名）され、スキルアップセミナーは二回開催（参加者四九名）された。婚活パーティは五回開催され（参加者男性六二名、女性五八名）、カップル成立件数二三組（三八・三パーセント）であった。婚活パーティは、臼杵市婚活推進協議会だけでなく、グリーンツーリズムグループ、商工会議所青年部、若者交流実行委員会が開催している。これらの婚活プロジェクトの事業費には、国費一〇〇パーセントの助成金やふるさと納税を財源とする市の単独補助金などを充てている。なお、二〇一五（平成二七）年の婚活パーティで出会ったカップル一組が結婚予定である。また、二〇一六（平成二八）年度の結婚支援員「イランショワさん」の相談者数は一〇〇名（女性五〇名、男性五〇名）であり、一組が結婚した。

「臼杵市まち・ひと・しごと創生戦略」では、人口減少克服のために、①しごとをつくり、安心して働けるようにする、②地方への新しいひとの流れをつくる、③若い世代の結婚・出産・子育ての希望をかなえる、④安心なくらしと地域連携の四つの政策が策定されている。地方における人口減少対策は、自然増減だけでなく、社会増減に対する対策が必要である。臼杵市の二〇一三（平成二五）年社会増減は、二四五人減であり、そのうち大分市との社会増減が一六四人減で六六・九パーセントを占めている。若い世代の結婚・出産・子育ての希望をかなえる施策を充実させることで、隣接する大分市からの人の流れをつくる可能性が想定できる。また、「若い世代の結婚・出産・子育ての希望をかなえる」ための施策として、出産や子育てにかかる「安心して産み育てる『臼杵で子育て中』の充実」や結婚にかかる「夢と希望を叶える婚活の推進」とともに、学校教育にかかる「学校・家庭・地域で心のかよいあう交流を通して『生きる力』を身につける学びの推進」を取り上げて、そのKPI（Key Performance Indicators：重要業績指標）として「全国学力テスト小学校・中学校偏差値五五」を示していることが特徴的である。

臼杵市子ども・子育て支援事業は、幼児期と就学期のつながりをもった青年期までの切れ目のない子ども・子育て支援、および、保健、福祉および学校教育等の円滑な連携による包括的支援を行う先進的なものである。また、学校教育においても、小中一体教育を基本理念に、めざす子どもの姿を定めて、幼児期とのつながりを含めた系統的な教育モデルをつくろうとしている。中学校の「タテ持ち」導入による授業改善の取り組みなど、学力向上の臼杵市モデルができようとしている。婚活は地域のグループが主体的に取り組んでいる。臼杵市のこれらの挑戦は、魅力ある結婚・出産・子育て・教育ができるまちとして、人の流れを呼び込んでいく可能性がある。

注

1　国立社会保障・人口問題研究所「出生中位（死亡中位）推計（二〇一七（平成二九）年推計）」、http://www.ipss.go.jp/pp-zenkoku/j/zenkoku2017/db_zenkoku2017/db_s_suikeikekka_1.html、二〇一七年七月二日閲覧。国立社会保障・人口問題研究所「男女・年齢（五歳）階級別データ」『日本の地域別将来推計人口』（二〇一三（平成二五）年三月推計）、http://www.ipss.go.jp/pp-shicyoson/j/shicyoson13/3kekka/Municipalities.asp、二〇一七年七月二日閲覧。

2　期間合計特殊出生率は、その年次の一五歳から四九歳までの女性の年齢別出生率を合計したもので、一人の女性が仮にその年次の年齢別出生率で生涯に産むとしたときの子どもの数に相当し、一般的に合計特殊出生率はこの数値を指す。総務省統計局ホームページ、http://www.stat.go.jp/library/faq/faq02/faq02c02.htm、二〇一七年七月二日閲覧。

3　内閣府（二〇一七ａ）『平成二九年度版　少子化社会対策白書（平成二八年度少子化の状況及び少子化に対処するために講じた施策の概況）』九―一四頁、http://www8.cao.go.jp/shoushi/shoushika/whitepaper/measures/w-2017/29pdfhonpen/29honpen.html、二〇一七年七月一〇日閲覧。

4　内閣府『同上書』一五―二〇頁。

5　内閣府『同上書』二一―二六頁。

6　内閣府『同上書』九三―一三七頁。

7　内閣府『同上書』九―一四頁。

8　内閣府『同上書』一五―二〇頁。

9　内閣府『同上書』二一―二六頁。

10　内閣府（二〇一五）『少子化社会対策大綱』五―七頁、http://www8.cao.go.jp/shoushi/shoushika/law/t_mokuji.html、二〇一七年七月一五日閲覧。

11　内閣府（二〇一七b）『まち・ひと・しごと創生基本方針二〇一七について』三―二五頁。まち・ひと・しごと創生本部ホームページ、http://www.kantei.go.jp/jp/singi/sousei/info/pdf/h29-06-09-kihonhousin2017hontai.pdf#search=%27%E5%9C%B0%E6%96%B9%E五%89%B5%E7%94%9F%E5%9F%BA%E6%9C%AC%E6%96%B9%E9%87%9D%27、二〇一七年七月一〇日閲覧。

12　子ども・子育て支援法（平成二四年八月二二日法律第六五号）第五九条（地域子ども・子育て支援事業）は市町村が市町村子ども・子育て支援事業計画に従って行うべき、地域子ども・子育て支援事業として一三事業をあげている。①利用者支援事業、②延長保育事業、③特定教育・保育、特別利用保育、特別利用教育、特定地域型保育又は特例保育を受けた場合に要する費用の助成事業、④ 特定教育・保育施設等への民間事業者の参入の促進に関する調査研究その他多様な事業者の能力を活用した特定教育・保育施設等の設置又は運営を促進するための事業、⑤放課後児童健全育成事業、⑥子育て短期支援事業、⑦乳児家庭全戸訪問事業、⑧養育支援訪問事業および要保護児童等に対する支援事業、⑨地域子育て支援拠点事業、⑩一時預かり事業、⑪病児保育事業、⑫子育て援助活動支援事業、⑬妊婦に対して健康診査を実施する事業。

参考文献

臼杵市（二〇一五ａ）『臼杵で子育て中　臼杵市子ども・子育て支援事業計画』。

臼杵市（二〇一五ｂ）『臼杵市まち・ひと・しごと創生総合戦略』。

臼杵市教育委員会（二〇一六）『平成二八年度全国学力状況調査結果の受けとめ』。

臼杵市教育委員会（二〇一七ａ）「『教育県大分』創造に向けた地域別意見交換会」。

臼杵市教育委員会（二〇一七ｂ）『平成二九年度臼杵市学校教育方針【全体像】』。

大分県教育委員会（二〇一七）『新大分スタンダードのすすめ』。

内閣府・文部科学省・厚生労働省（二〇一三）『子ども・子育て関連三法について』。

内閣府（二〇一五）『少子化社会対策大綱』。

内閣府（二〇一七ａ）『平成二九年度版　少子化社会対策白書（平成二八年度少子化の状況及び少子化に対処するために講じた施策の概況）』。

内閣府（二〇一七ｂ）『まち・ひと・しごと創生基本方針二〇一七について』。

福井らしさを探る会（二〇一三）『福井県の教育力の秘密』学研教育みらい。

第8章 臼杵市における地域包括ケアシステムの構築と地方創生

多様な組織間連携と相互作用を通じた地域包括ケアの充実

Ｉ　地域包括ケアシステムが求められる背景

「地域包括ケアシステム」とは、二〇〇八（平成二〇）年度の「地域包括ケア研究会報告書（厚生労働省老人保健健康推進等事業の報告書）」のなかで、「ニーズに応じた住宅が提供されることを基本としたうえで、生活上の安全・安心・健康を確保するために、医療や介護のみならず、福祉サービスを含めたさまざまな生活支援サービスが日常生活の場（日常生活圏域）で適切に提供できるような地域での体制」と定義されている。[1] 団塊の世代が七五歳以上となる二〇二五年を目途に、重度な要介護状態となっても住み慣れた地域で自分らしい暮らしを人生の最期まで続けることができるよう、医療・介護・予防・住まい・生活支援が包括的に確保される体制の構築が求められ、二〇一五（平成二七）年四月からの介護保険制度の改正により、取り組みが強化されている。

1 地域包括ケアシステムの背景

地域包括ケアシステムについては、「団塊の世代が七五歳以上となる二〇二五年を目途に、重度な要介護状態となっても住み慣れた地域で自分らしい暮らしを人生の最期まで続けることができるよう、医療・介護・予防・住まい・生活支援が包括的に確保される体制を実現」するとされている。[2] 今後、中長期的に人口が減少するなかで、高齢化率は高まっていくものの、高齢者人口は増加から減少に転じていくことが推計されている。ただし、高齢化の動向は、大都市部では医療・介護のリスクが高まる七五歳以上の後期高齢者人口が急増する一方で、町村部では高齢者人口も七五歳以上の後期高齢者人口のいずれも減少に転じる地域もあり、高齢化の動向には地域差がある。また、医療・介護の地域資源についても地域差があるため、地域包括ケアシステムは、保険者である市町村が中心となり、地域の自主性や主体性に基づき、地域の特性に応じてつくりあげていくことが必要である。

2　高齢者が安心して暮らせる社会づくりとしての意義

二〇二五年には団塊の世代が七五歳に達し、高齢者人口はピークに達する。ただし、その後も医療や要介護・要支援のリスクの高い七五歳以上の人口は増加し続ける。そのため、医療および介護の需要および生活支援のニーズについては、この頃まで増加を続け、ピークを迎えると想定される。そうしたなか、高齢者など住民が身近な地域で安心して暮らせる地域づくりが求められている。在宅での自立した生活が可能な比較的元気な高齢者については、医療施設や介護施設・事業所におけるサービス志向から、在宅医療・介護の基盤の充実を進め、自立支援の取り組みの強化や、介護状態に陥らない介護予防の取り組みの強化が求められている。

一方、都道府県は、地域医療構想ガイドラインに沿って、二〇一六（平成二八）年度までに「地域医療構想」を全都道府県が策定している。地域包括ケアシステムの構築の目標年と同じ二〇二五年までに病床の機能分化や必要量の確保が求められ、あわせて受け皿となる在宅医療等の基盤整備など地域包括ケアシステムの充実を進めていく必要がある。社会保障制度改革では、地域医療構想の推進と地域包括ケアシステムの構築は車の両輪ともいうべき二つの大きな柱となっている。国は地域医療構想の策定を求めるにあたり、二〇一五（平成二七）年六月に、必要となる病床数を都道府県単位で示した。今後、都道府県では地域医療構想を踏まえた施策を推進していくこととなるが、その前提として、在宅医療や介護基盤など地域における受け皿づくりの充実が求められている。すなわち、住民福祉の維持向上の観点から持続可能な医療・介護基盤を整備する重要な手段として、従来から地域包括ケアシステムが推進されてきた。それに加え、地域における受け皿としての在宅医療充実の観点からも地域包括ケアシステム構築の重要性が一層高まっているといえる。

3　生産年齢人口の減少に対応した社会づくりとしての意義

高齢者が増加し医療・介護需要が増大する一方で、一五歳から六四歳までの生産年齢人口は減少を続けるため、担い手不足が深刻化することが懸念される。この動向は、全国各地に共通しているが、町村部においては、生産年齢人口の減少に加え、高齢者人口も減少する地域も出てくる。また、中山間地域においては採算性などの問題から事業者そのものが進出しにくく、サービス供給体制が構築しにくいという現状がある。一方、特に大都市部においては急速な高齢者人口の増加が進み、介護需要の急増に対する供給体制が困難となる状況が想定される。そうした状況のなか、住民の安全・安心な生活を社会全体で支えていくためには、ＮＰＯや企業、住民なども含めた多様な主体による多様なサービスの充実に向けた取り組みを進める必要がある。それとともに、元気な高齢者がサービスの担い手として社会参加するような仕組みの構築を進めていくことが重要である。

今回の介護保険の制度改正では、要支援者に対する訪問介護・通所介護について、これまでの保険給付から「介護予防・日常生活支援総合事業」（市町村事業）へ移行することとされた。事業所によって提供されるサービスだけでなく、住民も含めた多様な主体による多様なサービスについても総合事業として取り組むことが可能となったのである。そうした総合事業だけでなく、インフォーマルな介護予防や生活支援サービスも含めて、サービスの担い手として期待されるのが地域の健康な高齢者であり、今回の介護保険の制度改正では、その方向性が明確に示され、取り組みが求められている。

Ⅱ　地域包括ケアシステムにおけるマネジメント

1　官民連携等の組織間連携

地域包括ケアシステムの構築にあたっては、高齢者の在宅生活にかかわる自治体、地域包括支援センター、医療機関や介護事業所、民間企業、専門職団体などの多様な組織の連携が重要となる。医療や介護に関しては、サービスを提供する組織、制度面での運用にかかわる自治体等の組織など多様な主体の連携によって、効率性や有効性の高いサービスを実現していく必要がある。関係機関が高齢者の自立支援に向けて、それぞれの強みを相互補完し相互作用を通じてベクトルを合わせ、総合的かつ具体的な連携のもと取り組むことが重要となる。そうした関係機関の連携による取り組みの具体化ができているかどうかが、実効性の高い取り組みかどうかの重要な評価ポイントの一つである。特に、在宅医療や介護を進めるうえでは、退院支援、日常生活療養支援、急変時対応、看取りといった各機能や各現場において、医療と介護の専門職間の連携が重要となる。そうした専門職間のネットワークを築くため、ビジョンを示し、場が形成され、関係者間の共通認識のもとでの具体策の実行スキームが確立されていることが重要である。

2　住民のサービス提供者としての参画

今後急速に人口減少が進むなかで、生産年齢人口が減少し、医療や介護分野における専門職人材の不足が懸念されている。そのため、専門職は専門職にしかできない業務を行い、生活支援サービスなどについては、専門職以外での対応ができるシステムの構築が重要となる。住民の互助活動、地域における支え合いについては、住民の安全安心な暮らしを支えるうえで従来から重要であるものである。介護保険サービスへの過度な依存は、そうした互助の関係性を弱める結果ともなっていると考えられる。住民の互助をベースに元気な高齢者のサービス提供者としての社会参加活動を促進し、総力をあげた地域の再構築を進めていくことが重要となる。

3　臼杵市の地域包括ケアシステム

大分県臼杵市は、二〇一七（平成二九）年三月末現在で高齢化率がすでに三七パーセントを超えており、人口も減少局面にある都市であり、全国よりも早く人口減少や少子高齢化が進んでいる地域である。二〇二四年には、高齢化率も四〇パーセントを超え、二〇三四年には人口も三万人以下に減少するといった状況である。

臼杵市ではこの状況を、すでに二〇年後の日本の姿としてとらえており、高齢化の先進地としてさまざまな課題に「いますぐに」取り組んでいくとしている。「臼杵市の一〇年後の豊かな高齢期の暮らしで目指すもの」というビジョン設定がなされ、「元気高齢者のうちは」「単身高齢者になっても」「医療や介護サービスが必要になっても」という三つの場面設定により、豊かな暮らしを実現するためのまちづくりにつながる事業を展開している。「在宅医療介護連携」「うすき石仏ねっと」「お達者長生きボランティア制度」「安心生活お守りキット」「地域振興協議会」「成年後見制度」「認知症対策」である。

「在宅医療介護連携」は、「臼杵市Z会議（『Z』は在宅の意味）」を中心とする多職種連携による在宅医療と介護の連携による人材育成、ネットワークの構築、サービス充実のための取り組みである。「うすき石仏ねっと」は、臼杵市内の医療・介護機関を結ぶ情報ネットワークであり、住民・患者が安心して日常生活を過ごすために必要な患者本位の医療・福祉サービスの基盤づくりをめざすものである。「お達者長生きボランティア制度」とは、市内在住の六五歳以上の高齢者が、介護保険施設、小・中学校、幼稚園・保育園などでのボランティア活動の実績により、ポイントを付与し、年に一度、ポイント数に応じてお金や商品券に交換できるものである。「安心生活お守りキット」とは、地域で孤立しがちな高齢者などにキットが配布され、区長・民生児童委員による地域の見守り体制を構築するものである。消防署の救急対応等に必要となる情報などをキットのなかに入れ、それを冷蔵庫などに保管しておき、緊急時に救急等の専門職が閲覧できる仕組みである。「地域振興協議会」は、少子高齢・人口減少を見据えた対策の一つとして、旧小学校区ごとに設置された組織であり、中長期的に臼杵市の地域活動の中心を担っていく役割をもつものである。それぞれの校区において住民の互助をベースに、地域福祉や健康増進、子育て、防災、文化といった活動が展開されているまちづくりの基本組織である。「成年後見制度」の取り組みとして、臼杵市では二〇一四（平成二六）年四月に「臼杵市市民後見センター」を設置した。認知症高齢者など判断能力が低下しても、地域で安心して暮らしていけるよう、成年後見制度の利用促進を図るために設置されている。「認知症対策」では、臼杵市は大分大学などさまざまな組織間連携を活かした先進的な取り組みが行われている。認知症専門の医療機関がない臼杵市において、二〇一〇（平成二二）年度に、臼杵市医師会、大分大学医学部、臼杵市役所、大分県中部保健所が連携し「臼杵市の認知症を考える会」を発足させ、さまざまな事業展開を実施している。

いずれの取り組みも臼杵市の地域特性を活かした取り組みといえる。臼杵市における取り組みの特徴としては、多様な関係者による組織間連携が取り組みのベースにあり、事務事業の企画段階からそれが貫かれ、発展的に組織間連携が充実強化されているということである。地域包括ケアシステムの構築にあたっては、医療や介護、生活支援、介護予防といった分野における多様な主体の連携により相互作用を通じて事業の形成や推進を進めることが重要となる。組織間連携は全国的にどの地域においても実現可能なことではあるが、行政だけでの取り組みには限界がある事務事業にもかかわらず、さまざまな要因でこの連携ができていない市町村が多い。これは市町村側だけの問題では必ずしもなく、仮に市町村が主体的に連携に取り組もうとしても、ほかの関係団体の主体性を引き出すことが難しければ有効なネットワークの構築は難しい。そのため地域包括ケアシステムの構築に必要な事業が形成されず進展しないといった状況がさまざまな地域で見られる。臼杵市の特徴としては、１市・１医師会・１地域包括支援センターがあること、かつ地域包括支援センターは医師会に委託されていることがあげられ、医療と介護の連携が促進されやすい素地が織り込んである。事業の効果的な推進に重要となる組織間連携や関係者の連携が図られやすい環境にあるとはいえ、組織間連携がきわめて着実に行われているといえる。臼杵市役所だけでなく、臼杵市医師会、地域包括支援センターなど主要な関係機関それぞれが主体性をもっており、リーダーシップを発揮しているキーパーソンの存在を確認できる。それぞれの組織の主体性をいかに引き出し、連携するかが組織間連携のポイントである。

Ⅲ　臼杵市地域包括ケアシステムの先進性と評価

1　在宅医療介護連携

概要

在宅医療・介護の連携としては、臼杵市医師会立コスモス病院が中心となったプロジェクトZにより、在宅医療や、医療と介護の連携に関するさまざまな取り組みが行われている。この取り組みは臼杵市医師会が実施主体となり二〇一二（平成二四）年八月から開始され、二〇一六（平成二八）年度からは実施主体を臼杵市に移行した。介護保険制度の地域支援事業を活用し、臼杵市が「在宅医療・介護連携推進事業」を医師会に委託する形で取り組みが継続されている。

組織間連携や多職種連携によるプロジェクトチームの組成

臼杵市の地域包括ケアシステムの大きな特徴の一つとして、在宅医療と介護の連携が進んでいることがあげられる。二〇一二（平成二四）年に臼杵市医師会立コスモス病院の地域医療福祉連携室からの発意により、厚生労働省の在宅医療連携拠点事業を財源として取り組みが進められることとなる。プロジェクトZと名付けられ組織が立ち上げられた。

その特徴として、まず医療や介護の主要な組織が参画・連携するもとで、目的別のチーム（班）が編成されていることである。具体的には、医師会、訪問看護、県保健所、市役所、歯科医師会、薬剤師会、歯科衛生士会、栄養士会、社協、居宅介護支援事業所、ホームヘルパー、コスモス病院から三五名の参加のもと、「調査班」「広報班」「研修班」「IT班」「防災班」「二四時間体制班」である。特にIT班と防災班が所掌する「うすき石仏ねっと」、二四時間体制班が所掌する二四時間体制構築は一定のハードルを要する取り組みであり、全国的にも自治体レベルで組織的に取り組みが進んでいるところは少ないと思われる。そうした班をベースにさまざまな連携プロジェクトやサービスの改善・充実策が展開されている。

二〇一六（平成二八）年の段階までに、コアメンバーの充実などもなされ、事業主体の変更もあり、「臼杵市Z会議」という臼杵市主体のもとでの在宅医療・介護・福祉の連携のプロジェクトとして発展している。臼杵市Z会議のビジョンは、「自分らしい生き方を選択しましょう。石仏が見守るこの臼杵で生きる・活きる・逝ききる」となっている。現在では、一六名のコアメンバーによる「コア会議」により、各班の活動内容や課題の共有、解決策の具体化が図られる体制がベースにある。そのもとで「研修班（一二名）」、「啓発班（一一名）」、「リアル班（六三名）」という構成となっており、うすき石仏ねっとは班から独立し、連携を図るうえでの情報共有の支援という位置づけとなっている。コア会議は

図表 8-1　プロジェクトＺの組織図（開始初年度 2012（平成 24）年度）

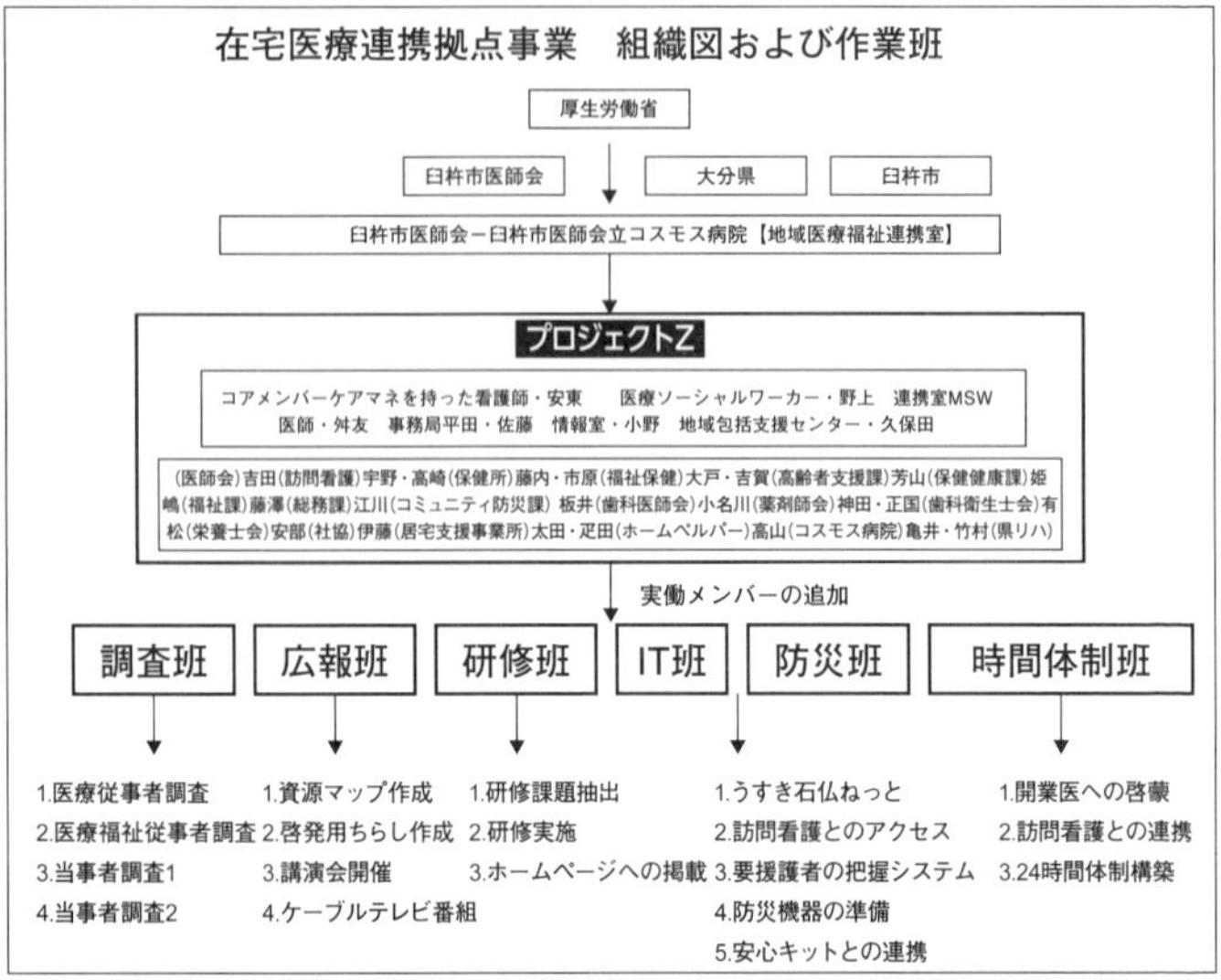

（出所）　臼杵市（2016b）『在宅医療・介護連携（臼杵市Ｚ会議）の取組みについて』4 頁。

月一回開催され解決策の検討などがなされている。研修班では、多職種連携のための研修会が定期的に開催されている。リアル班では、四チームに分かれて、チームごとのテーマで課題解決に向けた検討を行い、検討結果を臼杵市Ｚ会議全体会議で報告するといった活動を行っている。

取り組みの評価

在宅医療の充実を進めるうえでは、行政、医療、介護の関係者間の顔が見える関係の構築が重要となる。また、サービスの高度化のためには人材育成策の質の向上も重要である。その結果、多職種の現場レベルでの相互作用によるサービスの充実、改善につながることとなる。また、組織間連携や現場レベルでの連携においては、それぞれの組織や関係者の主体性が結びついた効果的な連携体制であることが重要である。プロジェクトZが関係者の効果的な連携を深める場となるとともに、人材の質の向上のための場として機能していることは、後述するうすき石仏ねっとがプロジェクトZと歩調を合わせて充実していっていることをみても明らかといえる。情報共有の深化と信頼性のある関係性の構築により現場サービスの質的向上が図られている事例といえる。

2　うすき石仏ねっと

概要

臼杵市Z会議にかかわるプロジェクトのなかでも特徴的であり医療や介護の関係機関の情報共有の基盤となるのが、うすき石仏ねっとである。臼杵市内の医療・介護機関を結ぶ情報ネットワークであり、住民・患者が安心して日常生活を過ごすために必要な患者本位の医療・福祉サービスの基盤づくりをめざすものである。医療や福祉、消防などさまざまな関係機関の連携、多職種連携により運用が行われている。住民に「石仏カード」を提示していただくことで、さまざまな機関にあるデータを共有することができるようになる。

うすき石仏ねっとの検討は、二〇〇三（平成一五）年三月から始まった。当初の目的は、臼杵市医師会立病院コスモスと開業医の情報共有であった。二〇〇八（平成二〇）年三月からうすき石仏ねっとは稼働を開始している。二〇一二（平成二四）年四月から「うすき石仏ねっと部会」が医師会のプロジェクトチームとして発足し、医師会と臼杵市の合同の勉強会が開催され、具体策の検討が進められることとなった。

二〇一三（平成二五）年三月からは訪問看護の情報との連携が開始された。二〇一四（平成二六）年一〇月からは調剤薬局との連携が開始、二〇一四（平成二六）年一二月からは福祉施設との連携が開始、二〇一五（平成二七）年四月には「うすき石仏ねっと運営協議会」が発足された。二〇一五（平成二七）年七月には歯科医院との連携が開始、二〇一五（平成二七）年一〇月には消防署通信指令室での運用が開始されている。二〇一六（平成二八）年一月には介護事業所との連携が開始され、二〇一六（平成二八）年八月には健診データとの共有が開始されている。現在、臼杵市人口約四万人の四分の一にあたる一万人の住民が登録している。また、医療機関は三二か所中の二三か所、調剤薬局は一七か所中の一五か所、歯科医院は一七か所中の一七か所、福祉施設六か所中の六か所、訪問看護事業所は四か所中の二か所、介護事業所は二一か所中の一九か所の登録があり、公的機関では、臼杵消防署、地域包括支援センター、臼杵市役所、市民健康管理センターが登録を行っている。

うすき石仏ねっとでは、利用者の基本情報や臨床データ、医療情報、生活情報などの効率的な情報共有が可能であり、また、医療・介護関係者のコミュニケーションの促進ツール、利用者への対応に関する連携や相互相談ツールとしても活用されている。うすき石仏ねっとの情報を通じて、「医薬連携」「歯科連携」「介護連携」「救急における通信指令室の閲覧」、糖尿病や心疾患等の「疾患連携」「健診情報連携」など医療と介護の連携にとって重要なさまざまな連携が促進される。また、臼杵市によると、今後は母子手帳情報との連携などさらなる情報の充実を考えているとのことである。

取り組みの評価

二〇二五年に向けた地域包括ケアシステムの構築および地域医療構想の推進に向けて、その基本となるのが、医療や介護の専門職の多職種連携、行政・医療・介護といった関係機関の組織間連携である。在宅医療に向けて退院調整や日常療養生活の支援を進める際には、医療と介護の関係者が顔の見える関係のもとで情報を共有したうえで連携した対応を行うことが重要である。臼杵市ではその情報基盤が形成され、容易に共有が可能となっている。こうした自治体は全国的にはほとんどみられず、臼杵市は医療・介護のＩＣＴ化による情報共有に成功した数少ない自治体の一つとされる。また、消防との連携により緊急時対応がより効果的に行われ、あまり例がないと思われる消防との連携についても、臼杵市は、「従来から医師会立病院と消防署との連携があった。また、市の一組織であるので、連携に支障がなく、自然なこと」としている。こうした臼杵市の組織の柔軟性や日頃からの外部組織との関係性が基盤となっていることが組織間連携の大きなポイントとなっている。

このように、行政と医師会などの関係団体の強固な連携のもと、医療機関や介護事業所といった組織を動かし、また住民の理解を得て情報共有を行うといった高度な調整による体制整備が求められる取り組みが実現されている。もう一つは、情報の内容充実に向けた企画力と関係者の参画の促進である。臼杵市関係者の主体性とビジョン設定に基づく適切なマネジメントにより実現された質の高い価値創造活動であると考える。

3 臼杵市お達者長生きボランティア制度

概要

「臼杵市お達者長生きボランティア制度」は、高齢者がボランティア活動を通じて、地域貢献することを支援し、生き生きとした地域社会を創るとともに、高齢者自身の介護予防および健康増進を図ることを目的に創設された制度である。市内在住の六五歳以上の高齢者が介護保険施設や小中学校、幼稚園・保育園、地域振興協議会、自治会などでボランティア活動をする際に利用できる制度である。ボランティア活動の実績によりポイントを付与し、年に一度、ポイント数に応じてお金や商品券に交換できるいわば地域通貨であり、住民の互助活動の促進システムである。

ボランティア活動の主な内容としては、①レクレーションの指導・参加支援、②お茶出し、③食堂内の配膳・下膳、④シーツ交換などの補助、⑤散歩、外出又は屋内移動の補助、⑥模擬店、会場設営、芸能披露などの行事手伝い、⑦話し相手、傾聴など、⑧本・絵本・紙芝居などの読み聞かせ、⑨登下校時の見守り、声かけ、⑩伝統工芸などの講師、⑪施設内外の清掃、⑫各種行事の手伝い、⑬各種行事の講師、など高齢者が意欲に応じて多様な能力や経験を活かして参加できる内容となっている。ボランティア登録者数は、二〇一七（平成二九）年三月末現在で四八四名と六五歳以上人口の三・二パーセントが参加し、受入施設・団体登録数は一一三か所となっている。二〇一六（平成二八）年度のポイント交換実績は、交付申請者数が一九八名、交換ポイント数が六七万一六〇〇ポイントであり、内訳は、交付金が四〇万二八〇〇円、商品券が二二万五五〇〇円となっている。

取り組みの評価

地域包括ケアシステムにおいては、住民の身近な地域でできる限り長い間暮らすことができるシステムの構築を行うことが重要であるが、医療や介護のサービスだけでは、住民の在宅生活を支えることは困難である。特に、今後、高齢者のみの世帯や高齢単身世帯が増加していくなかにあっては、地域における互助をベースとする生活支援サービスなどの地域での支え合いが重要となる。元来、住民の互助活動については、高齢者、障がい者、子どもたちなどすべての住民が安心な地域生活を送るうえで重要なものである。そうしたなか、互助を促進する手法として地域通貨の手法は有効な手法であるが、全国的には取り組み事例は少ない。また、介護人材不足などが言われるなかで、介護サービス現場をはじめボランティア人材の受け入れができるシステムについては、自治体単位ではこれまでほとんどなされていない。このように受け入れ側、すなわち高齢者の社会参加によりサービスの提供を受ける側には、人材不足の解消やサービスの提供といった具体的なメリットがあることは明確である。一方で、提供する側の高齢者は社会参加を行うことにより生きがいをもち、結果として自らの介護予防などにもつながっていくというメリットのある取り組みである。厚生労働省も介護予防の観点から、介護予防・生活支援サービスへの高齢者の参加を促しているが、具体的に社会参加のシステムを形成できている自治体は少ない。

以上のように、臼杵市の取り組みはシステムそのものが先進的であり、内容も介護人材不足が深刻な施設の介護人材対策まで踏み込んでいる面からも先進的といえる。また、元気高齢者の社会参加促進とそれを通じた介護予防、福祉的ニーズに対するサービス基盤の充実、地場の商工業の振興につながるといった複数の事業効果があるものと評価できる。

4　認知症対策

概要

臼杵市では、「認知症の正しい知識の普及啓発」「認知症の早期発見と早期診療ができる体制づくり」「認知症の方を介護している家族への支援」「認知症支援ネットワークの構築」の四つの柱で認知症対策が進められている。認知症対策の体制としては、臼杵市には認知症専門の医療機関がないため、大分大学医学部との協力体制を構築し、そのもとで臼杵市医師会や介護事業者、臼杵市が連携することによりきめ細かな認知症対策を可能としている。もともと臼杵市医師会、地域包括支援センター、大分大学医学部、臼杵市役所、大分県中部保健所といった体制で「認知症を考える会」による連携体制をスタートさせていた。そこに、臼津歯科医師会、臼杵市薬剤師会、介護事業所が連携に加わり、オール臼杵体制での取り組みを推進している。認知症に関するさまざまな取り組みが行われるなかで、組織間連携を活かした特徴的な取り組みとして評価できるのが「認知症対策における医療連携」「産・学・官連携による認知症研究」である。

取り組みの評価

認知症対策における医療連携について、臼杵市には認知症を専門とする専門員がおらず、適切な対応を行うためには医療機関間の連携が不可欠となる。大分大学医学部付属病院、臼杵市医師会立コスモス病院、臼杵市認知症を考える会のかかりつけ医の三層構造での医療提供体制がシステム化されている。全国的な傾向をみても、都道府県全域をカバーする基幹型の認知症疾患医療センターと各二次医療圏域をカバーする医療センターといった一層あるいは二層のケースが多い。臼杵市では三層構造によるシステムが運用されている。三層目のかかりつけ医でのスクリーニングや治療、介護保険申請といった対応、二層目の医師会病院での頭部ＭＲＩ、血液検査、治療方針といった対応、一層目の大分大学で画像診断や超早期診断などによる高度な対応といった、連携と役割分担をもったシステムである。

産・学・官連携による認知症研究では、臼杵市、大分県、大分大学、民間企業が協定を締結し、実証的なプロジェクトを行うものである。プロジェクトは二つで構成されている。一つは、認知症予防のための研究であり、生活状況をデータに基づいて把握し、認知症を科学的に予防するための世界的にも先進的な研究である。もう一つが徘徊検知・見守りシステムの実証的な研究である。認知症の行方不明者の早期発見早期保護を目的に、スマートフォンやｗｅｂシステムを活用して認知症の見守りを行うシステムである。このようなプロジェクトの先進性はいうまでもないが、そうした先進的なプロジェクトを可能とする臼杵市の組織間連携により新たな価値を創造する志向性や事務事業形成の姿勢が評価できる。

Ⅳ　地域包括ケアシステムの構築と地方創生
――臼杵市の事例から得られる示唆

1　臼杵市における地域包括ケアの取り組みの価値創造システム

臼杵市における地域包括ケアシステムの構築に向けた取り組みの大きな特徴は、ビジョンの実現に必要となる医療や介護などの関係機関・専門職との連携が基本となっており、これが関係者や住民らに新たな「価値」を提供しているということである。なお、ここでいう「価値」とは、「公共領域における住民や組織にとっての有用性ないし効用」と定義する。[3]

地域包括ケアシステムの構築については、国が示したビジョンではあるものの、法令などに基づく定型的な事務事業ではない。また、内部効率性を重視したＮＰＭ（ニュー・パブリック・マネジメント）の事務事業でもない。医療や介護の多様な組織・専門職、住民といった複数のプレイヤーが参画し、それぞれの価値、共通の価値といったさまざまな価値がもたらされるネットワークガバナンスによる事務事業形成が求められる性質のものである。欧州を中心に提唱されているNPG（ニュー・パブリック・ガバナンス）[4]を先取りする形で、臼杵市では事務事業の形成がなされているといえる。なかでも、サービスの受け手ともなりうる高齢者の社会参加のもと、高齢者の生活支援などに取り組むお達者長生きボランティア制度は、コ・プロダクションによる価値共創と考えられる。コ・プロダクションとは、NPGに関連し提唱されている概念であり、「公共サービス提供過程の本質的なものであり、サービス利用者と社会の双方への価値の共創に直接的に結びつくもの」[5]であり、利用者とサービス供給側との共創によりサービスが提供されることが想定されたものである。臼杵市の取り組みは、サービスの受け手となりうる高齢者がサービスの提供者ともなっている点や、提供側と利用者が相互作用によりサービスの充実が図られている点において、この概念にあてはまる先進性のあるものと考えられる。

また、臼杵市での取り組みでは、多様な組織や専門職、住民が価値を創造する場としてさまざまな会議体などが設置されている。場のもつ効果を十分に活かした事業展開がなされている。そのような場における対話などを通じて相互作用がなされ、継続的な価値創造活動が行われていると考えられる。

臼杵市福祉保健部の大戸徳一部長をはじめ担当職員へのインタビューのなかで、筆者は、「なぜ、このような多くの組織での連携がスムーズに行われているのか」と質問したところ、「一つがうまくいき出すと雪だるま式にうまくいくような気がする。認知症対策にしても最近の話だし、昔からの関係性ということではない。以前からうまくいっていたというわけでは必ずしもないが、ほかの組織のリーダーの考え方が大きい」「自治体とほかの組織が相互補完関係にあり関係性をうまく築くことが重要」というような説明があった。ほかの組織における長のリーダーシップや主体性、相互補完関係の重要性に関する共通認識により、良好な関係性を築くことができているとのことであった。それぞれの組織において主体性を確保することの重要性が示唆されている。

2　地方創生への示唆

地方創生の基本的な考え方は、「人口減少と地域経済縮小の克服」「まち・ひと・しごとの創生と好循環の確立」である[6]。人口減少や少子高齢化により資源制約が強まるなかで、効率性や有効性、経済性を高めた事務事業を形成し、実行していくことが求められている。政策五原則としては、「自立性」「将来性」「地域性」「直接性」「結果重視」が掲げられている[7]。すなわち、地域資源や特性を活かした持続性のある具体的な事務事業を実施していくことが求められているといえる。また、四つの基本目標の一つとして「時代に合った地域をつくり、安心なくらしを守るとともに、地域と地域を連携する」といった目標設定がなされている[8]。また、産官学金労といったさまざまな組織との連携による取り組みが求められている。

臼杵市の地域包括ケアシステムに関する取り組みでは、関係組織が連携し、地域独自の事業を展開することによって有効性を高めるだけでなく、効率性や経済性にもつながっている。臼杵市の立場は医療や介護の関係者、住民組織などと連携をしながら有効な事務事業の形成を推進するコーディネーターであり、地方創生においては、自治体がコーディネーターとしての機能を果たすことが重要であると考える。地域の総力をあげて解決が求められる課題に対し、総力を結集するための組織間連携や場がなかったり、あるいは弱かったりする場合には、地方創生に求められる十分な取り組みとはなりえない。また、住民参加をはじめ多様な組織の参画による公共問題の解決といったスタンスがなければ、人口減少社会における資源制約、特に人材不足によって生じる問題に対応できないと考える。

臼杵市のような組織間連携と住民も含めた多様な主体の参画といった事務事業の形成手法が全国的に広まることによって地方が元気となり、ひいては国の活力につながっていくと考えられる。臼杵市の事例からも、組織間連携は、自治体単体では経営資源が非常に厳しくなるなかにあって多様化かつ高度化するニーズに対応するために必要な手法であり、自治体にとっては最少の経費で最大の効果を創造する有効な手法となり、地方創生に貢献するものである。

注

1　地域包括ケア研究会（二〇〇九）「地域包括ケア研究会報告書」六頁。
2　「同上稿」。

3 松尾亮爾（二〇一六）「自治体価値創造における組織間連携の意義」『ビジネス&アカウンティングレビュー』第一七号、七一—九〇頁。

4 Osborne, S. P. (2010), "The (New) Public Governance: A Suitable Case for Treatment?," Osborne, S. P. (ed.), *The New Public Governance?: Emerging Perspectives on the Theory and Practice of Public Governance*, Routledge, p. 10.

5 Osborne, S. P., Radnor, Z., Kinder, T. and Vidal, I. (2015), "The Service Framework: A Public-service-dominant Approach to Sustainable Public services," *British Journal of Management*, p. 9.

6 内閣府（二〇一四）『まち・ひと・しごと創生総合戦略』一—二頁。

7 『同上書』五—六頁。

8 『同上書』一一頁。

参考文献

臼杵市（二〇一六a）『臼杵市の地域包括ケアシステムについて』。

臼杵市（二〇一六b）『在宅医療・介護連携（臼杵市Z会議）の取組みについて』。

臼杵市医師会立コスモス病院（二〇一六）『プロジェクトZの軌跡と成果——在宅医療・介護連携へのトライ』。

厚生労働省ホームページ、http://www.mhlw.go.jp/stf/seisakunitsuite/bunya/hukushi_kaigo/kaigo_koureisha/chiiki-houkatsu/、二〇一七（平成二九）年四月一日閲覧。

地域包括ケア研究会（二〇〇九）「地域包括ケア研究会報告書』。

内閣府（二〇一四）『まち・ひと・しごと創生長期ビジョン』。

松尾亮爾（二〇一六）「自治体価値創造における組織間連携の意義」『ビジネス&アカウンティングレビュー』第一七号、七一—九〇頁。

Osborne, S. P. (2007), "The (New) Public Governance?," *Public Management Review*, pp. 378-387.

Osborne, S. P. (2010), "The (New) Public Governance: A Suitable Case for Treatment?," Osborne, S. P. (ed.), *The New Public Governance?: Emerging Perspectives on the Theory and Practice of Public Governance*, Routledge.

Osborne, S. P., Radnor, Z., Kinder, T. and Vidal, I. (2015), "The Service Framework: A Public-service-dominant Approach to Sustainable Public services," *British Journal of Management*, pp. 1-15.

第9章 臼杵市の地方創生における人口移住・定住施策

人口減少問題への対応

Ⅰ 臼杵市の人口推移と地域への影響

1 人口の現状と推計

地方公共団体の基礎は人口である。少子高齢化が進むなか、人口減少を今まで経験してきたことのない日本では、何が起こるか予測不可能なところもあるが、人口減少時代に向けた対応策については各所で検討されているところである。

臼杵市でも二〇一五（平成二七）年八月に「臼杵市まち・ひと・しごと創生総合戦略」を策定し、そのなかで長期の人口推計を行っているが、二〇一四（平成二六）年は四万一三〇〇人であるところ、二〇三四年には二万八〇〇〇人台になると推計されており、今後二〇年間の予測人口減少率は実に三〇パーセントとなる。それにともない高齢化率も上昇し、二〇一四（平成二六）年は三五・二パーセントであるが、二〇三四年には四二・三パーセントに上昇することが予測されている。二〇一六（平成二八）年度版高齢社会白書（内閣府）によれば、高齢化率が二六・七パーセントであり、それよりもはるかに高くなっているが、さらに加速することが予測されている。高齢化率が上昇することは臼杵市にとっては社会保障費が上昇し財政的に圧迫されることになるが、生産年齢人口が減少することも、労働力の絶対数が減少するということで、地域の活力がそがれることになる。また、地域別にみた高齢化も中心部以外の地域は顕著であり、市役所などがある中心街以外は、ほとんどが五〇パーセント以上の高齢化率になる見込みである。いわゆる限界集落がかなりの数となることが予想されている。

2　人口ビジョンにおける目標値

人口減少を止めることはたやすいことではないが、移住・定住を促進することにより、コミュニティの活性化を図ることは重要と考える。なかでも臼杵市は、都会からの移住者が増えている状況であり、「移住・定住」施策を積極的に推進している。「臼杵市版まち・ひと・しごと創生総合戦略における目標値」によると、分野ごとに具体的に目標値を掲げている。まず、「人口減少問題の克服」として現状のままの見通しが、二〇六〇年には一万九三〇〇人であるが、合計特殊出生率を二〇三〇年に二・〇、二〇四〇年に二・三にすることを掲げている（現状の出生率は一・五）。最上位の目標のなかで「若い世代を中心に年間九〇人程度（四五世帯）流出減少」とあり若者を意識していることがわかる。その上位目標を実現するために重点プロジェクトを掲げており、「地方にしごとをつくり、安心して働けるようにする」のなかでは、「臼杵の資源を活かしたほんまもん農業・漁業・林業・商業・工業の振興、雇用の拡大」として、「若者の安定した雇用創出数年間三〇人」としている。また、「ふるさと『うすき』を全国に、そして世界に知ってもらうための戦略」では、同様に年間一〇人、「うすきブランドの確立（六次産業化の推進）」では同様に年間二〇人となっており、二〇二〇年までには累計で三〇〇人、一人あたりの生産性を年二パーセント程度の成長率としている。次に「地方への新しいひとの流れをつくる」の重点プロジェクトのなかで、「観光戦略推進による交流人口アップ」として、「観光客人数一割増、外国人観光客人数二割増（五年後）」と交流人口増加の指標を設定するとともに、定住人口に関する目標として「ふるさと臼杵ＵＪＩターンによる『うすき暮らし』の推進」では、「市外から臼杵への転入移住者数　年間四〇人以上増加」とある。さらに、「若い世代の結婚・出産・子育ての希望をかなえる」の重点プロジェクトでは、「安心して産み育てる『臼杵で子育て中』の充実」とあり、「臼杵で子育てしたいと思う親の割合九〇パーセント（二〇一九年）、子育て環境への不満を二七・五パーセント（現在）から一〇パーセントへ」とあり、暮らしやすさや生活の質も意識した指標も設定されている。

このように人口ビジョンのなかで具体的な人口増加に関する数値目標を掲げているとともに、人口目標からブレークダウンした戦略を策定し、具体的なＫＰＩ（Key Performance Indicators）まで設定していることが特長である。上位目標からその手段となるべき戦略目標を設定していれば、今後、進捗管理を容易に行うことができ、また、進捗状況が良くない重点プロジェクトがあれば、改善策を施すにも検討が容易となる。

Ⅱ　地方創生と臼杵市の移住・定住施策

1　国の地方創生施策と臼杵市の取り組み

国から多額な資金や人材の援助等があり、地方公共団体で人口ビジョンや地方創生に関する戦略を策定し、進むべき方向性が検討された。その結果、具体的な施策に各地で取り組んでいる状況である。内閣府が中心となって、以下のような施策を実施してきた。「地方創生先行型交付金（タイプⅠ）※先駆的事業分」では、都道府県および市区町村が実施する、他の地方公共団体の参考となる先駆的事業に対し、国が交付金を交付することにより、地方版総合戦略に関する優良施策の実施を支援している。「地方創生先行型交付金（タイプⅡ）※地方版総合戦略先行策定分」では、地方版総合戦略を早期に策定した都道府県および市区町村に対して国が交付金を交付することにより、地方版総合戦略に関する先行的な施策の実施を支援している。「地方創生加速化交付金」では、一億総活躍社会の実現に向けて緊急に実施すべき対策（二〇一五（平成二七）年一一月二六日一億総活躍国民会議決定）を踏まえ、緊急対応として、「地方版総合戦略」に位置づけられた先駆的な取り組みの円滑な実施を支援している。

「地方創生推進交付金」は、「地方版総合戦略」に位置づけられ、地域再生法に基づく地域再生計画に認定される地方公共団体の自主的・主体的な取り組みで、先導的なものを支援している。前二者では上乗せ交付含めて一七〇〇億円、後二者もそれぞれ一〇〇〇億円規模で予算がついていることから、予算措置における国の姿勢がうかがえる。

2　地方創生を支援する団体の施策

国をあげて地方創生を行っていることから、地方創生を支援する団体がいくつもある。そのなかでも特に、以下の二団体については、地方公共団体が地方創生を推進するにあたり有用であると考えられる。

一般財団法人地域総合整備財団（ふるさと財団）では「活力と魅力ある地域づくりの推進に寄与すること」を目的に、地方自治の充実強化のため、地方公共団体と緊密に連携し、民間能力を活用した地域の総合的な振興および整備に資する業務を行っている。具体的には、ふるさとものづくり支援事業、地域再生マネージャー事業、まちなか再生支援事業、公民連携への支援、関連事業・広報活動などがある。また、地方公共団体が実施する長期資金の融資業務を支援することにより、地域における民間事業活動等の積極的な展開をしている（例：ふるさと融資）。

また、株式会社地域経済活性化支援機構では、「地域経済の再建を図ること」を目的に、事業運営の基本方針（先導的な地域活性化・事業再生モデルの創造、地域活性化・事業再生ノウハウの蓄積と浸透、専門人材の確保と育成および地域への還流）に沿って、地域金融機関の地域活性化への取り組みを支援している。たとえば、事業性評価のサポート、ソリューション提供ツールとしてのファンドの設立・運営、事業再生支援などである。同機構は時限組織であるため、ノウハウの移転を行い、当該機構の業務終了後も、地域金融機関による地域活性化への取り組みが持続的に行われるよう環境を整備しているとのことである。

3　観光振興から移住・定住へ

ここで臼杵市が従来から取り組んでいる観光振興と移住・定住について検討したい。国が推進しているＤＭＯやＣＣＲＣとも関連があるため、まずはその二者について説明する。日本版ＤＭＯ（Destination Marketing/ Management Organization）とは、観光庁によると、地域の「稼ぐ力」を引き出すとともに地域への誇りと愛着を醸成する「観光地経営」の視点に立った観光地域づくりの舵取り役として、多様な関係者と協働しながら、明確なコンセプトに基づいた観光地域づくりを実現するための戦略を策定するとともに、戦略を着実に実施するための調整機能を備えた法人である。また、日本版ＣＣＲＣ（Continuing Care Retirement Community）構想は、「東京圏をはじめとする高齢者が、自らの希望に応じて地方に移り住み、地域社会において健康でアクティブな生活を送るとともに、医療介護が必要な時には継続的なケアを受けることができるような地域づくり」をめざすものである。本構想の意義としては、①高齢者の希望の実現、②地方へのひとの流れの推進、③東京圏の高齢化問題への対応、の三つの点があげられる（日本版ＣＣＲＣ構想有識者会議）。

観光振興は地域を活性化するためには有効な施策であり、交流人口を増やすことは重要である。まずは観光でその地を知り、関心を高め、魅力を感じないと住みたいとは思わない。よって、観光振興策から交流人口を増やしていくのは、将来的に移住してもらうために交流人口を増やすという位置づけと考える必要がある。中長期で考えた場合、交流人口だけ増えても本当の地方創生とはいえず、地方に移り住む人を増やすことこそ本当の地方創生である。

観光振興から定住へは四段階あると考えられ、まずは、今はどの段階になっているかを認識し、その段階に応じた効果的な施策を実施することがポイントである。第一段階としては観光振興がある。地域資源の発掘による観光振興、既存のまつりなどのイベントの活性化、ホスピタリティ向上策などを行い、まずは交流人口を増加させる取り組みを行うことが考えられる。交流人口が増加してくれば、第二段階として、リピーターの確保策や長期滞在の促進、各種移住施策を行うことが考えられる。その際、住みたいと思う地域づくりを行うことが重要である。そして、第三段階になってくると、移住に積極的に取り組む必要があるが、衣食住確保のための施策、職の確保策、各種定住施策などを行う必要がある。そして住み続けてもらうために、第四段階として定住ステージがある。定住してもらうためには、移住定住者が地域コミュニティに溶け込んでいくことが重要となる。そのため、地域コミュニティをいかに盛り上げていくかが重要な取り組みとなる。

4 臼杵市における移住・定住の取り組み

臼杵市では従来から観光振興に取り組んでいるとともに、後記の移住定住対策事業などでモニターツアーを開催していることなどから、前記の第二段階まで行えているといえる。現在、第三段階に取り組んでいるところであり、第四段階の定住をいかに図っていくかがポイントと考える。臼杵市における移住定住に関する施策で「『うすき暮らし』の推進」があるが、施策の方針は「臼杵に惹かれ暮らす人を増やす」というものである。臼杵市二〇一六（平成二八）年度施策評価シートによると、当該施策を構成する事務事業の一覧は以下のとおりである。なお、施策評価シートとは、市民サービスを検証するために、総合計画のなかの政策―施策―事務事業という三層構造のなかから、施策レベルを毎年、担当課が評価し、今後の改善策や方向性を記載しているシートである。

① 移住定住促進事業（協働まちづくり推進課）……移住相談・サポート、都市部での相談会、フェ

ア出展、移住ガイドブックの作成、モニターツアー開催、就業支援サイト運営、移住お試しハウスの設置・運営などを行っている。事業費は二〇一六（平成二八）年度で一一八六万五〇〇〇円であるが、二〇一七（平成二九）年度見込みは二二四八万八〇〇〇円と増額されている。

② 地域おこし協力隊（協働まちづくり推進課）……都市部からの人材の受け入れを行い、移住支援と定住促進、地域振興協議会（地域コミュニティ組織）の地域づくり活動の支援、周辺地域の小規模集落の応援、グリーンツーリズム活動の支援などを行っている。事業費は二〇一六（平成二八）年度で一五三七万三〇〇〇円、二〇一七（平成二九）年度見込みは一四一九万三〇〇〇円である。

③ 空き家活用事業補助金（都市デザイン課）……空き家バンク制度をより効果的に活用するための制度であり、空き家バンク活用促進補助金（空き家所有者または利用者）のほか空き家改修補助金（空き家所有者）を実施。事業費は二〇一六（平成二八）年度で四二六万五〇〇〇円、二〇一七（平成二九）年度見込みが八八五万円である。

④ 定住促進事業補助金（都市デザイン課）……Ｉ・Ｊターン支援について、移住支援補助金、定住促進住宅取得補助金、若年・子育て世帯家賃補助金を若年夫婦（四〇歳以下）、子育て（中学生以下）世帯を対象に実施。また、Ｕターン支援として、Ｕターン支援住宅改修補助金のほか、定住促進として三世代家族定住支援住宅補助金を実施。事業費は二〇一六（平成二八）年度で三五二二万五〇〇〇円、二〇一七（平成二九）年度見込みが五〇〇〇万円である。

5　増加傾向にある移住者

移住定住に関する成果指標には、「移住相談、移住者居住支援事業申請において把握した年間移住者数」を設定しており、二〇一四（平成二六）年度には二六名の移住者を実現している。また、二〇一五（平成二七）年度は一七二名、二〇一六（平成二八）年度は二〇三名と増加している。今後も年間一五〇名の移住者を目標に取り組まれる予定であり、この二年間は達成している。二〇一四（平成二六）年度の当該事業に関する事業費は四七〇万円となっており、人件費三七七万円と合計しても一〇〇〇万円弱ほどのフルコストで成果を達成できており、費用対効果は高いといえる。

移住定住の取り組みを進めていることもあり、ここ五年間の人口増減をみてみると明らかに社会増減の増減数が減少傾向にあることがわかる。二〇一二（平成二四）年度は転入九三四名、転出一二四二名で社会増減が三〇八名の減少であったのに対し、二〇一四（平成二六）年度は転入九八〇名、転出一〇九四名で社会増減が一一四名の減少、二〇一五（平成二七）年度は転入一〇七三名、転出一一七六名で社会増減が一〇三名の減少、二〇一六（平成二八）年度は転入九三〇名、転出一〇一五名で社会増減が八五名の減少と確実に社会増減の減少に歯止めがかかっている。二〇一六（平成二八）年度の出生二〇〇名、死亡六三一名で自然増減が四三一名の減少となっているが、今後、移住定住がさらに推進できれば、自然増減分を補うことも期待できる。

6　移住定住に関連する取り組みと今後の課題

前記の事業のほかにも、臼杵市ではさまざまな取り組みが行われている。臼杵の近況を知る、臼杵の活性化のための手助けをするという想いをもった人々が〝臼杵とつながり隊〟を結成している。入隊者は、臼杵市出身者のなかで、現在市外にいるものの、居住経験や臼杵を訪問したことがある人々である。臼杵にゆかりがある入隊者へ、市報や地域の催し情報、新しい名所や特産品などの情報を定期的に提供している。また、「臼杵の移住相談」では、移住相談窓口を設置し、移住支援・住居・子育てなど、暮らし全般について対応している。「移住定住サポーター」は、移住希望者の受け入れ体制整備および強化並びに移住希望者・移住者に寄り添ったサポートをするため、移住定住希望者や市への情報提供、移住者交流促進のためのイベント開催、イベント開催のサポートなどを行っている。

そのほか、「住居支援」としては、Iターン者やUターン者らに対して、転入の奨励金や住宅購入、家賃補助など、移住者に対する住宅支援があるし、「空き家活用」では、臼杵市空き家バンク制度を活用して、空き家バンクの登録物件増加や利用者の負担軽減の補助制度を充実している。「定住促進」では、三世代同居の家族を増やすために、三世代家族定住支援住宅補助金を支給している。さらに、「臼杵の定住支援」では、行政からだけではなく、先行移住者のサポート体制があり、「地域おこし協力隊」を中心に臼杵コミュニティハウスA・KA・RI（あかり）を運営し、「移住者交流会」などが開催されている。このように、臼杵市では、ハード、ソフト両面で、さまざまな取り組みが行われている。

ふるさと建設部都市デザイン課望月裕三氏によれば、空き家活用の七割ぐらいは移住者の利用とのことであるが、他団体よりも手厚く支援していることにより、大分市からの移住者も増えているものと考えられる。居住も起業も当該制度をうまく併用することができる。また、協働まちづくり推進課広瀬隆氏、安部啓二朗氏によると、今後の課題としては、全国各地が地方創生の取り組みで移住者確保を行うなか、都市部へ臼杵の特長、魅力を効果的に発信していく必要がある、移住に関する手続き対応以外に、より移住に対する不安の相談を気軽にでき、移住希望者により丁寧に寄り添ったサポートをする体制が必要となる、とのことである。

Ⅲ　臼杵市で取り組むべき定住施策と定住事業

1　移住定住と連携すべき事業

臼杵市で実施している事業について、前記の事業とあわせて地方創生と関連づけされるべき事務事業もある。たとえば、「臼杵市ブランド開発支援事業（産業促進課）」は、「うすきブランドの開発と六次産業化の推進」施策で実施しているが、後記の地域おこし協力隊の有機農業隊員と協力しながら、移住定住と強く関連づけて推進すれば、より効果を発揮すると考えられる。また、「地場企業の育成・企業誘致」施策で実施している企業立地促進や地場企業への助成も、移住定住者を受け入れるのであれば優遇するなど、移住定住と関連づけすればより効果があがると考えられる。さらに、農業を推進している臼杵市にとっては、次世代を担う園芸産地整備事業（野菜対策）や大分県地域育成型就農システム支援事業などは地域おこし協力隊と連携しながら進めれば効果が高いと考えられる。

2　市内企業の発掘と地域振興会社の有効活用

地方に移住するためには、職がなければならない。また、移住するためには、衣食住の心配を払拭しなければならない。また、都市部よりも収入が低下する場合でも、結果的に裕福な暮らしができるのであれば、魅力は増し、人は集まる。地方公共団体をはじめ、地域企業や地域住民など、全面的なサポート体制が必要であり、それを推進するための核となる組織が必要と考える。よって、地方創生や地域振興を目的とした「地域振興企業」を設置することも、定住に向けて有効と考える。前記のＤＭＯの組織と、ＣＣＲＣの移住（若者世代を対象とした移住定住）を促進する企業というイメージである。地域振興企業は、専門家を入れつつ、地元企業やＩターン者が中心に運営を行うことが必要である。なお、第三セクターを活用することも考えられるが、臼杵市には、活用できる第三セクターがないため、新たに設立する必要がある。

臼杵市内の民営事業所の売上高の業種別比較を行ったところ、製造業が多く、ついで卸売業・小売業となっており、この二業種が多くを占めている。二〇一四（平成二六）年度経済センサスによれば二業種で販売額が一〇〇〇億円を超えている状況である。なかでも醸造業は江戸末期から主要産業として発展してきた味噌や醤油に加え、近年は消費者ニーズに合わせ、ドレッシングなど新たな調味料も生産しており、地酒や焼酎の醸造の生産も盛んである。また、造船業については、鋼船・プラスチック船・アルミ船などあらゆる素材の船舶を建造している。地域振興企業を考える場合、醸造業や造船業など既存業種に関連づけて検討することも必要である。

また、地域振興企業においては、地域おこし協力隊への支援のほか、移住者支援、それらの主体を含めた産業振興、そしてふるさと納税に関するプランニングの四つの柱で行うことが考えられる。臼杵市では、これらの事業は、市役所が行っている面が多く、移住定住者や専門家を交えた地域振興企業に担ってもらうほうが、効果が高い面があると考える。さらに、地域振興企業は、地方公共団体、地元企業・金融機関、地元住民、そしてＩターン、Ｕターン者を中心で連結させる役目を担うものであり、今後の地域振興のために欠かせない存在である。そのためには、Ｉターン者が中心に活動を行うことが考えられるが、経営的・管理的な知識と経験をもった者も必要である。地域振興企業はＩターン者の受入れを全面的にサポートするかわりに、Ｉターン者は、定住後、地域振興企業に何らかの貢献を行う。たとえば、地域振興企業において、農業を行うのであれば、その収入を帰属させ、地域振興企業としても販路拡大などを行う。Ｉターン者が農業を行うのであれば、より営農的な性格を地域新興企業がもた

図表9-1　地域振興企業の事業内容（案）

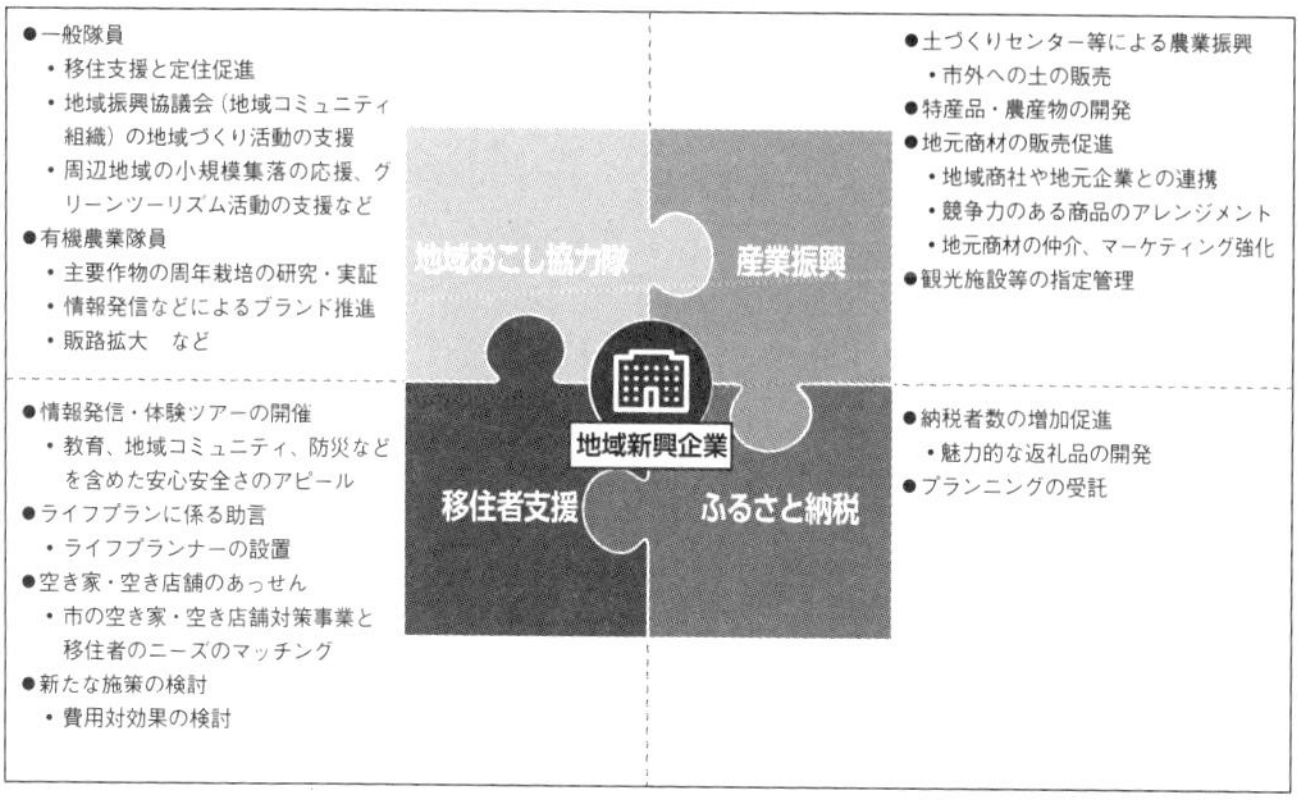

（出所）　筆者作成。

せることになる。

また、地元企業との連携は不可欠である。地元企業への貢献なくして雇用創出はない。後記するふるさと納税との関係を整理して、地域振興企業が仲介し、地元企業に貢献し、収益をあげることで雇用も創出する。

これらのことから、地域振興企業の事業内容としては、移住定住者のあっせん、農産物等の開発（土づくりセンターの土の販売）、特産物等の販売促進、ふるさと納税のプランニング、野菜の宅配サービス（主に高齢者向け）などを行うことが考えられる。なお、筆者は、地域振興企業の今後二〇年間のシミュレーションを行ったが、二〇名程度の雇用が創出できると試算できた。シミュレーションについて、①ふるさと納税関連事業受託料、②農産物販売手数料、③移住者手数料、④指定管理者受託料などで構成され、それぞれ一定の手数料割合を地域振興企業が受け取るほか、観光施設を一括で指定管理者となるものである。移住定住者が中心となり、当初は外部の専門家などに協力を仰ぐことも多いと思われるが、専門性をつけていくことにより、地域振興企業の付加価値が生まれていくと考えられる。

Ⅳ　臼杵市で取り組むべき人口移住施策と人口移住事業

1　地域振興の観点から

農業をこれまで推進してきたことから、人口移住施策と農業との連携は重要である。農業振興の核となる施設である「土づくりセンター」を建設・運営し、農業振興を図っているところであるが、都会を離れて農業を行いたいという若者も多い。「土づくりセンター」では大量の土を現地の農家に販売しているのみであるが、ここで作られる土は良質であり、生産量との関係もあるが、土の販売を市外まで広げて行うことも考えられる。

また、地域商社を活用して、競争力のある商品のアレンジメントフィーを地域振興企業が受けることも考えられる。地元企業とのタイアップを行い、地元商材の仲介を行う。日本製というだけで海外販売できることもあるが、その際はマーケティングも必要である。いずれにしても、「ふぐ」「真珠」「かぼす」などの特産品があるが、新たな商品開発を行って、さらに販売品目を増やす必要がある。農産物の開発についていては、地域おこし協力隊にミッションを課すことも考えられるが、その点、臼杵市では、後記のとおり「有機農業隊員」を設けてミッションを課している。

なお、「定住しなくていいんです」というキャッチコピーで有名になった岡山県西粟倉村では、地域おこし協力隊推進要綱において、地域おこし協力隊の取り組みを「百年の森林構想実現のための取組」「環境モデル都市、バイオマス産業都市推進のための取組」「村に新しい仕事を創り出す次の取組」（個人による創業、村内企業による二次創業・事業拡大、村外企業による村内への本社又は支社の新設、移転）「事業継承のため、村内企業が後継者を育成する取組」「西粟倉村総合戦略上、特に重要と認められる次の取組」（子育て環境の充実、次世代育成、基幹施設整備の推進、住宅確保対策の推進）（出所：西粟倉村地域おこし協力隊推進要綱）としており、臼杵市でも参考になると考えられる。

2　地域おこし協力隊とは

地域おこし協力隊は、都市地域から過疎地域等の条件不利地域に住民票を移動させ、生活の拠点を移した者を、地方公共団体が「地域おこし協力隊員」として委嘱する制度である。隊員は、一定期間地域に居住して、地域ブランドや地場産品の開発・販売・ＰＲ等の地域おこしの支援や、農林水産業への従事、住民の生活支援などの「地域協力活動」を行いながら、その地域への定住・定着を図る。

総務省からの支援としては、地域おこし協力隊が活動する自治体に対し、財政支援を行っている。二

○一六（平成二八）年度から、都道府県が実施する地域おこし協力隊等を対象とする研修等に要する経費について、地域おこし協力隊の活動に要する経費は隊員一名あたり四〇〇万円上限、地域おこし協力隊等の起業に要する経費は最終年次または任期終了翌年起業する者一名あたり一〇〇万円上限、地域おこし協力隊の募集等に要する経費は一団体あたり二〇〇万円上限となっている。このような財政支援について、三年間は人件費二〇〇万円、活動費二〇〇万円が国から補助されるものの、四年目以降は自立しなければならない。そのため、起業支援なども国が行っているが、当該制度はボランティアベースのようになっていることから、地域に移り住んだ若者に職がなく、結局は元の場所に帰るなどの現象も生じている。そもそもボランティアベース自体に問題があり、ビジネスベースで取り組む必要があるといえる。

なお、総務省の地域おこし協力隊に先駆けて、一九九四（平成六）年から同様の活動を行っている「みどりの協力隊」がある。これは特定非営利活動法人地球緑化センターが行っているものであり、これまで二〇の市町村に対して七三八人もの協力隊を送り出している（一九九四（平成六）年度（第一期）から二〇一六（平成二八）年度（第二三期））。その内訳は、二〇代が七九パーセントと圧倒的に多く、大学生が四〇パーセントを占めている状況である。ここで地方に対して協力隊となるべき者は、ある程度の社会人経験がある者であると考えられる。しかしながら、会社員が一八パーセント、公務員が二パーセントということを鑑みると、地方に対して十分に経験やノウハウが提供できているとはいいがたい面があることは否めない。

3　地域おこし協力隊の課題

年間四〇〇〇人ほどの協力隊員が全国各地に派遣されているが、地域おこし協力隊には、一般的に以下に掲げる課題があると言われている。今後は、それらの課題をいかに克服していくかが、地域おこし協力隊を成功させるカギと考える。

①　地域おこし協力隊から考えると、どの地域を選べばいいのか判断がつかない。
②　自治体からＮＰＯに入るように依頼されたが、ＮＰＯから不要とされる。
③　個人ごとにミッションがあるが、バラバラとなっており連携することが難しい。
④　スタート時期がバラバラであり、孤立感がある。悩みを共有し、相談する相手がいない。
⑤　イベントなどに参加させられ、地域おこし協力隊を安い労働力ととらえている面がある。
⑥　副業禁止となっている地方公共団体もあり、任期を終えたときに稼ぐことが難しい。
⑦　いわゆるナリワイと言われ、本業が主にならず副業を複数もつケースもある。
⑧　各自治体の予算に偏りがあり、少ないところは厳しい。
⑨　地域おこし協力隊の性別や年齢、任期後の仕事データなどが整備されていない。
⑩　地域おこし協力隊の獲得競争があり、辞退者も多い。

⑪ 自治体からの補助金について、制度設計によっては、事務作業が増えるとともに、活動が制約される。
⑫ 大学生の割合が高くなっており、社会で経験した方のノウハウを活かすものとなっていない面がある。
⑬ 地方公共団体側での受け入れ態勢が整っていない。地方公共団体側での考えがまとまっていない面がある。担当者の他の負担が重く、地域おこし協力隊とともに活動することができていない。
⑭ 子どもがいる家族が地域おこしを行うと効果が高い場合もあるが、家族であると現在の補助金額では生活は厳しいことがある。
⑮ 上記の課題に照らしながら、地域おこし協力隊員のモチベーション維持が難しい。
⑯ 今後、定住率については注視する必要がある。

臼杵市では、地域おこし協力隊の副業は可能となっており、また一年で辞めた隊員はいない。また、辞退者もいない。地域おこし協力隊は、期間経過後も定住することを考えると、起業にしても、就職にしても専門性を身に着けなければならず、ビジネスベースで考えなくてはならない。そこで、臼杵市の地域おこし協力隊では一般隊員のほか有機農業隊員として活動を行うことで専門性をつけることになっている。一般隊員は、移住支援と定住促進、地域振興協議会（地域コミュニティ組織）の地域づくり活動の支援、周辺地域の小規模集落の応援、グリーンツーリズム活動の支援などを行っている。一方、有機農業隊員は、主要作物の周年栽培の研究・実証、情報発信などによるブランド推進、販路拡大などを行っている。前記した地域振興企業のなかで地域おこし協力隊員が活躍できる場があれば、より地域との融合が進むと考えられる。

4　移住者支援の観点から

臼杵市では前記のとおり移住定住の良さを感じてもらうために「モニターツアー」を開催し、東京や大阪から三―四日間で臼杵の体験ツアーがある。大分までは自費となるが、それ以降は臼杵市で手当されている。民泊もできるが、最近では移住体験滞在施設「臼杵おためしハウス」を開設している。空き家になっている民家を臼杵市が借り受け、移住希望者に一定期間滞在してもらい臼杵の住み心地を体感してもらうことが目的である。

移住するには勇気が必要である。そのため、移住するか否かを迷っている方のためにも、移住することによる財政的なメリット・デメリットも含めたライフプランナーのような専門家を設置することも考えられる。ライフプランナーによる相談窓口を設置することができれば、移住希望者にとって持続可能性を含めた移住計画が策定できると考える。

5　ふるさと納税との連携

ふるさと納税は、「今は都会に住んでいても、自分を育んでくれた『ふるさと』に、自分の意思で、いくらかでも納税できる制度があっても良いのではないか」という趣旨からつくられた制度である。総務省ホームページには、以下の三つの意義が示されている。

第一に、納税者が寄附先を選択する制度であり、選択するからこそ、その使われ方を考えるきっかけとなる制度であること。それは、税に対する意識が高まり、納税の大切さを自分ごととしてとらえる貴重な機会になります。第二に、生まれ故郷はもちろん、お世話になった地域に、これから応援したい地域へも力になれる制度であること。それは、人を育て、自然を守る、地方の環境を育む支援になります。第三に、自治体が国民に取組をアピールすることでふるさと納税を呼びかけ、自治体間の競争が進むこと。それは、選んでもらうに相応しい、地域のあり方をあらためて考えるきっかけへとつながります。

ふるさと納税の仕組みとしては、寄附者が居住している自治体では寄附額分の納税額が減少するが、逆に寄附を行った自治体は納税額が同額増えることになる。寄附者は自己負担額が二〇〇〇円発生するものの、寄附先自治体から返礼品と称して、同地域の米や肉、魚など産物などが届けられることもあり、また所得税上もメリットがあるため、徐々に認知度が向上してきており寄附者は増えている。ただ、返礼品については、二〇一七（平成二九）年四月に総務省から通知が出され、金銭類似性の高いもの、資産性の高いもの、高額なものなどはふるさと納税の趣旨に反するものであるとされ、また、返礼割合も三割以下とされている。

臼杵のふるさと納税額について、二〇〇八（平成二〇）年度から二〇一五（平成二七）年度までの累計額は一億四八〇六万三〇〇〇円（二六四六件）となっている。二〇〇八（平成二〇）年度の臼杵市の納税額が二三八万七〇〇〇円であったことを考えると二〇一五（平成二七）年度はかなり増加していることがわかる。また、大分県下市町村の平均額は二〇一五（平成二七）年度で一億六七七万九〇〇〇円となっており、臼杵市とほぼ同額であるが、大分県は国東市がかなり多額となっているため平均値を押し上げている。納税額の使途であるが、二〇一五（平成二七）年度について、一億一六〇万円の収入があり、事務費三五五八万円を差し引いた六六〇二万円を事業に充当している。具体的には、「子育て環境づくり」として、吉四六ランド遊具整備事業に一〇〇〇万円、臼杵市総合公園子ども広場遊具整備事業に四九〇〇万円、自然の中での宿泊体験事業に二〇〇万円、「産業の振興」としてＰＲ費に一〇〇万円、「うすき暮らしのすすめ」として地域コミュニティ活動創造事業補助金に四〇〇万円などに使われている。

また、臼杵市民が臼杵市以外に寄附をしている額も年々増加傾向にあり、臼杵市税務課で取りまとめている資料によると、二〇一三（平成二五）年度は二四三万八〇〇〇円（一一人）、二〇一四（平成二六）年度が三六万八〇〇〇円（一一人）、二〇一五（平成二七）年度が一〇六万五〇〇〇円（三四人）、二〇一六（平成二八）年度が七六〇万一〇〇〇円（八八人）と臼杵市内でも着実に増加している。総務省においてふるさと納税の決まりが強化されたこともあるが、これからもふるさと納税は拡大すると考えられる。魅力的な返礼品をさらに開発することができれば、臼杵市への納税額もかなり増えることが期待できる。ふるさと納税の事務はプランニングを含めて現在は臼杵市で事務を行っているが、地域振興会社にプランニングから委託し、委託料は歩合制にすることも考えられる。

6　移住・定住が成功するために

地方公共団体が定住に向けて整える政策は「仕事」「住居」「家族（結婚）」であり、つまり生活していくための条件を整えようとしている。しかしながら、「農山村再生・若者白書二〇一二」（農文協）で若者が定住を決めたものには、「人」「地域のつながり（お世話になった方へ恩返しがしたい）」「自分の居場所・役割（承認欲求）」の三つがあげられている。地方公共団体と若者とのこの意識の差は、今後移住促進事業を行ううえで重要な指摘である。移住者が地域の方とつながりをもてなければその地域を離れることになり、地域と移住者のコミュニティをいかに形成するかが重要となる。

また、移住施策には国からの支援があるものの、自治体としての費用も多額となっている。いまは取り組みが始まったばかりでもあるため推進する必要があるが、これまでに移住してきた方の税額が市としての歳入になるものの、費用についても適正に把握したうえで費用対効果を検討する時期がいずれ到来すると考えられる。もちろん、移住者に来ていただくことは、地域コミュニティに対する影響や経済効果など、定性的で目に見えない効果がかなりの部分を占めることも事実であるが、地域としてそのような検討を行うことも有用と考える。

参考文献

臼杵市（二〇一五）『臼杵市まち・ひと・しごと創生総合戦略』。

臼杵市「臼杵市施策評価シート、事務事業評価シート（市役所の仕事をチェック）」、http://www.city.usuki.oita.jp/categories/bunya/shiyakusyo/shigoto/、二〇一七（平成二九）年四月一日閲覧。

総務省統計局「経済センサス」、http://www.stat.go.jp/data/e-census/index.htm、二〇一七（平成二九）年四月一日閲覧。

内閣官房・内閣府「地方創生」、http://www.kantei.go.jp/jp/singi/sousei/index.html、二〇一七（平成二九）年四月一日閲覧。

内閣府（二〇一六）『平成二八年度版高齢社会白書』、http://www8.cao.go.jp/kourei/whitepaper/index-w.html、二〇一七（平成二九）年四月一日閲覧。

西粟倉村「地域おこし協力隊推進要綱」、http://vill.nishiawakura.okayama.jp/inc/d1w_reiki/422909170029000000MH

/422909170029000000MH/422909170029000000MH.html、二〇一七（平成二九）年四月一日閲覧。

第10章 臼杵の地方創生における「まちづくり基本条例」と「協働」

住民の力なくして地方創生なし

Ⅰ　地方創生とまちづくり基本条例

地方創生は、少子高齢化の進展に的確に対応し、人口の減少に歯止めをかけるとともに、東京圏への人口の過度の集中を是正し、それぞれの地域で住みよい環境を確保して、将来にわたって活力ある日本社会を維持していこうと企図するものである。具体的にいえば、それぞれ自分たちの地域ならではの特徴を知り、その強みも弱みもその地域ならではの個性であることを真摯に受け止めて、その個性を大切なわが町の財産として次世代へ引き継いでいくことである。そのためには、行政だけではなく、地域住民やその地域で活動をしている企業や各種団体もそれぞれ役割をもち、わがこととして行動をする、まさに協働によって物事に取り組んでいく必要がある。その基本原則を明文化させ定められたものが「まちづくり基本条例」や「自治基本条例」などと呼ばれるものである。

臼杵市ではまちづくり基本条例を市の最高規範として制定し、さまざまな計画や取り組みにおいて協働によるまちづくりに取り組んでいる。そういった地域一丸となりさまざまな取り組みに多くの利害関係者が主体的に関与していることや、臼杵市における地域住民の主体的な活動を紐解いていく。そうすることで、全国の自治体において取り組んでいる地方創生の実現に多くの示唆を得られるはずである。

Ⅱ　臼杵市まちづくり基本条例の制定

1　基本条例制定までの経過

臼杵市における最高規範として制定された「臼杵市まちづくり基本条例（二〇一三（平成二五）年四月施行）」は、一人ひとりが臼杵市民としての誇りと自覚と責任をもち、互いに人権を尊重し、自ら考え、みんなで知恵を出し、汗を流し、臼杵市民が理想とする幸せなまちづくりを行うために制定されたものである。この条例は、臼杵のまちづくりを進めていく主体である「市民」「議会」「行政」のそれぞれの責務や役割を明らかにし、今後どのようにまちづくりを進めていくのか、その仕組みについて定めている。後述の第二次臼杵市総合計画は、この「臼杵市まちづくり基本条例」第一二条に基づき、臼杵市らしいまちづくりを総合的、計画的に市民と行政が協働で行っていくために、臼杵市最上位の計画として策定されたものである。

従来は国の定めたルールや決まりごとによって全国一律の取り組みが行われてきたが、二〇〇〇（平成一二）年に地方分権一括法が施行され、地域の実情に応じたまちづくりを地域で自主的に判断して実施することができるようになった。臼杵市でも市の特性を生かした臼杵市らしいまちづくりを行っていきたいと考え、そのための決まり（ルール）が必要となった。今までの生活をさらに良いものにしていくために、そして臼杵というまちで生活をし続けるために、自分たちはどのような役割を担うべきか、どのように連携し協力しあうことが必要なのかなど、関係者で共通認識のうえで、まちをつくっていく必要がある。その際、必要になる決まり（ルール）として、二〇一〇（平成二二）年から約三年かけて丁寧に庁内外で検討が重ねられ、二〇一三（平成二五）年四月に「臼杵市まちづくり基本条例」が施行された。そして、完成した同条例はイラスト化されイメージしやすく、わかりやすく見ることができるようになっている。身近に感じてもらい、かつ広く住民に伝わるように小学生の社会科補助ノートとして子どもたちにも周知されるといった工夫がなされている。同条例を大人だけではなく、子どもの頃から知っておくことで大人になってからも自分たちが臼杵市をつくっていくという意識の醸成につながっていくと思われる。

2　基本理念および基本原則

臼杵市まちづくり基本条例は、市民が幸せを実感できるまちの実現をめざすために「市民が主役のまちづくり」を基本理念としている。そして、臼杵市の特性を生かした臼杵のまちづくりは、人権尊重、市民総参加、情報共有、協働という四つの原則に基づいて、市民参画の機会が保障され「市民が主役のまちづくり」が行われる。臼杵市まちづくり基本条例を制定することによって、市民の「自分たちの課題を、自らの手で解決する」、職員の「市民の声に耳を傾けて自主自立のまちづくりを進める」という意識が高まり、「自分たちのまちのことは自分たちで決める。市民と協働でつくる」という考えのもと、市民みんなで役割をもち、連携し、尊重しあいながら協働でまちづくりを行うことが期待される。これまで以上に、臼杵に生まれて良かった、育って良かった、住んで良かった、働いて良かったと思えるまちづくりを、市民が主体的に英知を結集し、協働のもとで実現していこうとしている。

特徴的なのは、臼杵市まちづくり基本条例の前文が市民だけで作成されたということである。前文の箇条書きを抜粋すると「緑の山、青い海、肥沃な大地を次世代に引き継ぎましょう。郷土に誇りを持ち、文化や歴史を子孫に伝えましょう。先人の知恵と人情を持ち続け、幸せなまちをつくりましょう。笑顔でこころのゆきかうまちをつくりましょう。みんなで知恵を出し、汗を流し、主体的に参画する明るいまちをつくりましょう」とある。[1] 市民が臼杵のことをどう思っているのか、どうしていきたいのかという思いが表現されており、このことからも市民が主役としてまちづくりに参画し、行動していくという臼杵市民の意思が伝わる。地方創生においても、その土地ならではの特色を丁寧に理解することが重要であり、臼杵市のまちづくり基本条例の制定過程においてそれらのことが話し合われ、明文化されていることが大変参考になる。

3　市民、議会、行政それぞれの役割

臼杵市のまちづくり基本条例では、協働によるまちづくりを進めるため、誰もがまちづくりを担う主体として役割を示している。同条例第五条から第一一条までに、市民、議会、行政の役割と責務が明記されており、この三者が役割を果たすことによって「市民が幸せを実感できるまち」を実現しようとしている。そして、その「市民」は臼杵市内に住んでいる人のみを指すのではなく、臼杵市に通勤や通学をする人や臼杵市内で事業や活動を行っている人も「市民」として定義されており、まちづくり基本条例が臼杵市民のためだけのものではなく、臼杵市にかかわるすべての人がまちづくりを担う主体となれることを示している。

市民

市民はまちづくりの主体であるとともに受益者でもあるため、唯一「権利」が示されている。そこに

は、まちづくりに参画をすることが権利として明示されており、まちづくりが決して他人事ではなく、自分たちもかかわる大切なものであることが伝わってくる。そして、市民の責務のなかでは市民自らも発言・行動をし、サービスの受益には応分の負担をもつことが示されている。これらからも、市民もまちづくりの一員であることを意識づけるものであることがわかる。

議会・議員

臼杵市のまちづくり基本条例では、議会や議員の役割についても明記されていることが特徴的である。直接住民に選挙で選ばれた議員は、住民の声を行政に伝える重要な役割を担っている。議会の機能としては、執行機関の監視機能に加え、政策形成機能を強化することが明記されており、このことから議会・議員もまちづくりの主体として意識されている。

行政

行政の役割は、市民サービスを向上させるために効率的に質の高いサービスの提供を図ることはもとより、地域コミュニティの自主性を尊重し、地域コミュニティの活動を支える市民の育成に努めるということが明記されている。さらに、市長の役割と責務について記載があることも大変特徴的である。市長は議員と同じく直接選挙で選ばれるため、選挙で交代することもあるなかで普遍的かつ継続的なまちづくりを実現するために市長はどう努めるべきかを示している。

4　まちづくり基本条例が与える影響

まちづくり基本条例が策定されたことによる効果について、臼杵市前総務部長の日廻文明氏（以下、「日廻氏」という）にヒアリングをしたところ、「行政内部で同条例に基づき施策が展開されているかを確認することはもとより、住民のなかからもさまざまな取り組みに対して、それが同条例に沿ったものであるかどうかという声を聴く」とのことであった。臼杵市のまちづくりにとって、これから実施していこうとすることが臼杵市のためになるものか、臼杵市に住まう人たちが考え行動をしていこうとすることを条例として定めたことは、その地域はどうあるべきかを問う地方創生にとって、大変重要なものである。

地方創生を全国的に考える場合、臼杵市が定めたようにまちづくりにかかわる主体は誰で、その主体がどのような行動をすることが必要であるか、特に議会や市長の役割や責務を示し、誰もが役割を担っているということを明記する条例を制定することが重要である。そして、その条例の制定過程からも、行政のみならず住民や議員も含めて議論を重ねていくこと、つまり、誰もがまちづくりについて関与している「実感」を得ながら行動をしていくことが、協働によるまちづくりを進めるうえで特に意識しなければならない点である。

Ⅲ　臼杵市総合計画と臼杵市まち・ひと・しごと創生総合戦略

1　臼杵市総合計画

総合計画の策定経過

大分県の南東部に位置する臼杵市は一九五〇（昭和二五）年四月に市制施行し、途中近隣の村の編入を経て、二〇〇五（平成一七）年一月一日に大野郡野津町と新設合併を行い、新市制による臼杵市が発足した。二〇〇六（平成一八）年に二〇一五（平成二七）年度を目標とした「第一次臼杵市総合計画」が「日本の心が育つまち」を将来像として策定され、行政運営を行ってきた。そして現在は、「日本の心が育つまち臼杵～『おだやかさ』と『たくましさ』を未来へつなぐ～」を将来像として二〇一五（平成二七）年度を初年度とし、二〇二四（平成三六）年度を目標とする「第二次臼杵市総合計画」が二〇一五（平成二七）年四月に策定され、その実現に向かって進んでいる。

総合計画は、地方自治体のすべての計画の基本となり、地域づくりの最上位に位置づけられる計画である。策定にあたっては、「基本構想」とそれに基づく「基本計画」および「実施計画」からなるものが多く、おおむね一〇年間の地域づくりの方針を示す「基本構想」をうけて、五年程度の行政計画を示す「基本計画」、三年間程度の具体的施策を示す「実施計画」の三つを合わせて総合計画という。地域の将来像、なすべき施策、プログラム等が記述される。このような計画を策定する場合、多くの自治体では行政の幹部職員や各種団体の長が策定委員として、担当部署がコンサルタントと検討した案を審議してホームページなどでパブリック・コメントを行ったうえで、取りまとめられることが多くの自治体でとられている手法であろう。しかし、臼杵市では総合計画の策定過程のみならず、事業実施における連絡調整にかかる部分にまで幹部職員だけではなく一般職員、さらに市民も参画するように、「臼杵市総合計画策定委員会設置要綱」において定めている。筆者の経験からも、総合計画が策定された後、それに基づくまちづくりが行われていることについて、職員や市民も関心は低く、時には総合計画の内容が忘れられていることもある。

このように企画段階から多くの職員や市民と協働しながら策定を進めていくことによって、両者とも常にまちづくりの方向性を意識し続けることができるはずである。また、臼杵市総合計画策定委員会設置要綱第四条では、「委員の任期はその目的を達成したときまでとする。」とあり、期間に縛られることなくわが町にかかわることを意識づけられる大変興味深い設置要綱である。

総合計画の検討過程

第二次臼杵市総合計画の策定にあたっては東日本大震災を受け、ハード整備のまちづくりのあり方、ならびに総合計画の各分野を見直す必要があり、特に防災面を重視して予定よりも前倒しのスケジュールで見直しに着手された。二〇一三（平成二五）年八月に実施された第一回臼杵市総合計画検討委員会では、「総合計画策定にかかる組織」としてあらゆる職員からの意見集約と効率的な作業を可能とするため、課長、課長代理、若手職員で策定委員会が構成された。検討委員会は部長職を構成員とし、各課の施策は課で意見を集約してつくりあげ、部長がまとめて検討会での検討材料としている。基本構想は、策定委員会で策定した素案を検討委員会に提示し、これまでの取り組みの流れや、市民目線での臼杵の将来像に主眼を置き、策定プロセスを明らかにして進められている。基本計画は、施策評価、事務事業評価、外部評価を一本化した総合計画の進行整理を検討委員会で総合的にチェックし、「将来のあるべき姿」を見失わないように評価しながら総合計画に掲載する項目を考えていく手順をとっている。

職員による総合計画策定委員会

職員によって構成される総合計画策定委員会では、中京大学日比野省三教授から「『何をしたいか』から考える。『何のために』から特定解を求める。想像力重視」といった大前提から結論を導き出す「ブレイクスルー思考」を学び、臼杵市の将来像（あるべき姿）を描いて計画案を作成している。主役を設定し、「その人が〇〇する」または「その人に対して〇〇する」という目的展開を行い、臼杵の将来像を「世界一つながる活気ある幸せをつくるまち」と仮決めし、そして、将来像（あるべき姿）のための方策についてさまざまな提案を行っている。多くの場合は、現状の課題に対してこれからどのように対処をして、将来的にどのような効果が得られるのかという、現状からの課題解決プロセスによって計画が策定されていく。しかし、臼杵市の場合は描いた「あるべき将来像」から、その実現のためにどのようなことをすればよいのかという、バックキャスト型の策定プロセスを踏んでいることが特徴的である。

市民も参加する総合計画策定委員会

職員が行った策定プロセスと同様、市民参画により基本構想のベースをブレイクスルー思考により検討された。つまり、テーマごとの臼杵市の一〇年後の将来像（まちの姿や、人々の性格、行動の姿）、将来像を実現するために必要なこと・大切なこと、将来像実現のためにできること、しなければならないこと（個人・地域・行政）を整理していったのである。

計画の策定にあたっては、前述した「臼杵市まちづくり基本条例」の「市民総参加の原則」「協働の原則」に基づき、職員だけでなく、多くの市民や議会と協働で計画づくりを行っている。そのような過程を経て策定された臼杵市の総合計画は、「自分で取り組めること」「お互いに助け合うこと」「行政が支援すること」について話し合いを重ね、協働のまちづくりにあたっての役割分担が明示されたり、市民意識調査結果や財政分析などによる現状把握や市民サービスの質の向上が図られているかの検証といった情報の蓄積に基づき計画策定されたり、目標の設定やものさし（指標）によるわかりやすい計画となるように意識されている。そして、①自助「自らのことは自らで守り、自分を磨くことで、心も体も元気でいきいきと暮らせるふるさとをめざす」、②共助・公助「お互いさまの気持ちを持って地域ぐるみで助け合い、必要な行政支援によって、地域力を育み、未来へつなぐふるさとをめざす」、③継承「恵まれた豊かな自然と歴史や文化を受け継ぎ、大切に残し、活かし、夢や希望をもった将来を担う子どもたちへふるさとをつなぐことをめざす」、④郷土愛・誇り「昔ながらのふるさとの姿を残しているこのまちに感謝し、誇りを持ち、受け継がれてきた心を市民力と地域力で磨き、『ふるさとの心』が息づいたまちを未来へつなぐ」という四つの具体的な行動により臼杵市の将来像を実現しようとしている。これら総合計画の策定過程からも協働を重んじようとする「臼杵らしさ」が伝わってくる。

2　臼杵市まち・ひと・しごと創生総合戦略

臼杵市の人口ビジョン

「臼杵市まち・ひと・しごと創生総合戦略」は二〇一四（平成二六）年に施行された「まち・ひと・しごと創生法」に基づき二〇一五（平成二七）年八月に策定されたものである。「まち・ひと・しごと創生法（以下、「創生法」とする）」は少子高齢化の進展に的確に対応し、人口の減少に歯止めをかけるとともに、東京圏への人口の過度の集中を是正させる。そして、それぞれの地域で住みよい環境を確保して、将来にわたって活力ある日本社会を維持していくために、まち・ひと・しごと創生に関する施策を総合的かつ計画的に実施することを目的としているものである。総合戦略は、創生法第一〇条において市町村に努力義務として策定することが要請されている。記載すべき内容は、市町村の区域における

図表10-1　臼杵市の人口推計

	人　口	65歳以上人口比率	15歳未満人口比率
2014年	41,300人	35.2%	11.2%
2019年	38,434人	39.3%	10.8%
2024年	35,199人	41.4%	10.5%
2029年	31,867人	42.3%	10.2%
2034年	28,579人	42.3%	9.7%

（出所）　臼杵市『臼杵市まち・ひと・しごと創生総合戦略』2015年、4頁より筆者作成。

まち・ひと・しごと創生に関する目標、市町村が講ずべき施策に関する基本的方向、施策を総合的かつ計画的に実施するために必要な事項である。これに基づき、全国の地方自治体において総合戦略の策定が進められた。内閣官房まち・ひと・しごと創生本部によると、二〇一六（平成二八）年三月三一日現在において全国の九九・八パーセントの一七三七市区町村で地方版総合戦略が策定済みとなっている。

臼杵市においても、創生法に基づき総合戦略が策定されたが、その前提ともなる人口分析については、すでに六五歳以上の人口比率が三五パーセントを超えており、人口も減少の一途をたどっていることが図表一〇―一からも見込まれている。

臼杵市で起こっている人口減少と高齢化の問題は、日本全体での問題と同じである。その先駆けとして高齢化の先進地であると総合戦略では分析をしており、その臼杵市において持続可能な地域づくりができれば、その取り組みは、全国のモデルになりうるとしている。このことは、多くの地方においても同様の状況であり、国が示しているように都市部への人口流出の流れをどのように変えるか、若い世代の就労・結婚・子育ての希望をどのように実現させるか、住み慣れた地域で、誰もが安心して暮らしていけるための課題をどのように解決するかといったことが、人口減少問題に取り組む基本的な視点である。

しかしながら、今後人口の減少が止まるということは日本全国においても考えにくい。そのなかでもどのように持続的にまちを残していくことができるのか、住み続けてもらえるのか、戻ってきてもらえるのかということを考え、全国一律の取り組みではなく、その地域に応じた取り組みをしていくことが必要である。そのことを臼杵市の総合戦略においては、めざすべき将来の指針として「今後めざすべき、臼杵市の将来の方向は、数百年にわたり築き上げてきた臼杵の歴史や文化を後代にも引き継ぎ、日本中、そして、世界中に対して、『日本の心』を発信できる臼杵のまちづくりを着実に進める」「一粒の真珠のように、小さくてもきらりと輝く臼杵のまちをつくりあげることで世界に誇れる日本社会の活力につながる」というように定めて、臼杵市オリジナルの総合戦略を遂行している。

臼杵市の総合戦略

臼杵市は、前述した第二次総合計画の基本構想、基本計画の一部である、戦略プランを総合戦略と位置づけている。総合計画でまとめた臼杵市がめざすべき方向について、特に、人口減少・少子高齢化に対応する取り組みを具体化し、その取り組みを着実な実施につなげていくためのものとしている。前述した総合計画においては、まちの将来像が広く示されているものであるが、総合戦略は人口問題に特化して、その取り組みを着実に進めようとするものである。このような総合戦略の着実な遂行は行政だけで行えるものではなく、多くの関係機関との連携によって効果的かつ効率的に実行できるものである。臼杵市では商工会議所や農業・漁業推進協議会をはじめとする産業関係者、大分県や隣接する他県の自治体、姉妹提携をする遠方の自治体といった行政関係者、市内の県立高校や大学、研究所の学術関係者などの産官学との連携はもとより、地元金融機関や総合計画を審議してきた労働者代表、地元報道機関といった「産官学金労言」の連携をして総合戦略を推進している。

臼杵市の総合戦略の基本的な考え方として「『日本の心が息づくまち臼杵』～『おだやかさ』と『たくましさ』を未来へつなぐ～一〇〇年後も持続可能なまちをめざして」取り組みを進めようとしている。そしてそれを遂行していくために国の総合戦略に則って四つの柱を設けて重点戦略に取り組んでいる。

四つの重点戦略と重点プロジェクト

第一は「地方にしごとをつくり、安心して働けるようにする」ことである。働く場所があるか無いかは人が地方から都市へ流出する原因の一つであり、このことはどの地方都市においても企業誘致に取り組んでいる理由でもある。しかしながら、輸送コストの面からも地方に企業が進出したり、工場を新設・移転したりすることは現在においてはきわめて難しいものである。また、景気の影響によって工場の閉鎖や企業の撤退が予測困難であるため、その土地に根付いた産業を創出していく必要がある。臼杵市では、有機の里の実現、豊後水道の漁業、四〇〇年以上の歴史のある商業のまちの再興といった臼杵市の資源を活かした産業の振興によって雇用の拡大を図っている。さらに、臼杵ブランドの確立による六次産業化、臼杵市ならではの観光情報の発信により観光産業においても働く場を創設しようとしている。

第二は「地方への新しいひとの流れをつくる」ことである。移住定住施策はどの自治体も取り組んでいることであるが、このためにも働く場所の創設との連携した取り組みが欠かせない。そして、臼杵に住み続けたい、臼杵に戻りたい、臼杵へ行ってみたいと実感できるように取り組みを進めることが重要である。何を求めて臼杵を選んで来てくれるのか、何を子どもたちに伝えていけば再び臼杵に戻ってくるのか、地域のブランド化のためには臼杵に住んだり、訪れたりする人々の心の琴線に触れるものを、大切に磨いていく必要がある。まさに、臼杵市の総合戦略でめざす将来の方向にある「一粒の真珠のように、小さくてもきらりと輝く」まちをつくりあげることが、臼杵へ人の流れをつくることになる。

第三は「若い世代の結婚・出産・子育ての希望をかなえる」ことである。人口が減少しているなかで子育てについての悩み事を相談する人や見守りをしてくれる人が少なくなっている。安心して子育てができる環境づくりの支援が必要である。そして、臼杵で教育を受けて育った子どもたちがどのような大人に成長していくのかを見守るため、子育てと教育の連携は欠かせない。二つ目の取り組みとも関係してくることであるが、子育てや教育といった面での臼杵ブランドの確立が必要である。その教育ブランドが周知されてくれれば、臼杵で子育てをしようとする若者が増えていくであろう。

第四は「時代に合った地域をつくり、安心なくらしを守るとともに、地域と地域を連携する」ことである。人口に占める高齢者の比率は、人口推計では四割を超えて推移している。高齢者が健康で就労や社会活動に参加し続け、それを地域全体で支えあうことがこれからの地方の持続には必要である。それを臼杵市単独で実現させるのではなく、大分市を中心とした広域行政での取り組みのほか、さらに圏域を広げて九州・四国といった連携により取り組みを進めようとしている。

これらの取り組みを進めていくにおいてもまず重要なのが、地域における連携であり、協働によるまちづくりが欠かせないものであることが伝わってくる。臼杵市においてこの連携を実現するものとして、前述の臼杵市まちづくり基本条例があり、それを住民同士で実現しているものが、地域住民によって創設された地域振興協議会である。

Ⅳ　まちづくりにおける地域振興協議会との協働

1　既存の枠組みを超えた連携

臼杵市では高齢化の波に備え、今ある地域の力を高めて、今後市民が住み慣れた地域で元気に暮らしていくことは、今すぐに取り組む必要がある問題である。少子高齢化・人口減少の現実を見据えた対策のひとつとして、将来的に地域活動の中心を担っていく組織として、二〇〇九（平成二一）年度から旧小学校区ごとに「地域振興協議会」を設置するよう推進し、協議会設置に向けた支援や、設置後の支援をしている。

すでに地域内でさまざまな活動団体（自治会、子ども会、スポーツ少年団、青年団、女性の会、消防団、老人会など）がある。これをひとまとめにした組織が「地域振興協議会」であり、地域内の団体が世代や性別の枠を超えて連携して活動していくことで、それぞれの活動がさらに活性化する。また、顔が見える関係を築くことにより、地域の一体感や日常生活での安心感をつくりあげることが期待できる。地域振興協議会の対象範囲はおおむね統廃合前の小学校区を基準にしている。協議会の設置は市が強制するものではなく、協議会の名称や活動内容などは、地域の特性にあった形で自由に決めている。

2　地域振興協議会への臼杵市の支援

地域振興協議会を設置している地域に対し、臼杵市は四つの方法で支援を行っている。一つ目は「他の地域での良い取り組みを学びあう、問題点や悩みを共有し課題解決へ、継続的な活動にするため協力しあう」といったことを、それぞれの地域に持ち帰り、今後の地域づくりに生かしてもらうため、各地域振興協議会の代表をメンバーとする会議（地域振興懇談会）を定期的に開催している。それが結果として協議会同士で切磋琢磨と、より良い地域づくりにつながっている。二つ目は、それぞれの地域での活動の様子や行事の予定などを、市報やケーブルテレビ、ホームページなどを通じて市内外に積極的に広報をする。そうすることで、地域独自の活動を多くの人に知ってもらえ、参加者数が増加するということと、他の地域活動を知り、新しい交流、新しいアイデアが生まれるといった効果が期待できる。他地域での取り組みを身近な媒体から目にすることによって、関心が低かった地元での取り組みにも興味が湧いてくることもある。三つ目は、協議会で行う地域活動に対して、新しい活動のきっかけをつくって地域に元気を吹き込むことをめざして市から補助金を交付している。ただし、主体はあくまでも地域であるので、長期的に補助金に依存した活動にならないように自主運営できるように工夫が求められている。もともとそれぞれの地域において自主的に引き継がれていた行事がある。今、その地域において必要な取り組みは何なのか、これから必要になる取り組みは何なのかをしっかりと話し合い、行事の企画にあたる必要がある。人口減少・高齢化のなかでさらに負担となり、疲弊を招かないように気をつけなければならない。四つ目は、協議会の活動に、その地域の住民である職員やその地域出身の職員などが、行政と地域のパイプ役として地域のなかに入る地域パートナーを導入している。他の自治体でも地域担当職員という名称で呼ばれているこのような職員は、行政と地域との円滑な情報のやりとりには顔の見える距離での話し合いが欠かせない。それによってお互いの信頼関係が高まり、協働が促進される。

現在は一八地区の小学校区のうち一五地区において地域振興協議会が設置され、行政からの支援を受けながら活動をしている。臼杵市における地域振興協議会のような組織は、全国の市区町村で聞かれるようになってきた。地域づくり協議会、地域自治組織、まちづくり協議会など、地域によって呼び方はさまざまであるが、いずれも高齢化の波に備えるためコミュニティの強化には不可欠な組織である。

日廻氏によると「市内で一斉に地域振興協議会を設立するのではなく、地域で必要性を十分話し合ったうえで、住民が主体的にかかわりながらそれぞれの地域でのペースを尊重して、順番に設立している」とのことであった。このような協議会を設立するうえで大切だと感じたところは、地域住民が主体となって話し合い、実行していく体制を整えて、組織を設立していく過程を丁寧に経ることが重要であるということである。

3　地域振興協議会の意義と仕組み

現在では臼杵市の地域振興協議会のように、多くの地方において地域内の関係する住民や団体が地域内の課題などに一体的に取り組むために、同様の組織の設立を行政が支援している。いずれの地方でも人口減少や少子高齢化によって、今まで続けてきた祭りや伝統芸能といった地域の行事のみならず、公共交通の撤退や商店街の閉鎖などで病院や買い物へ行くといった日常生活にも支障をきたしている。このような状況において、行政も限られた財源や人員のためきめ細かな対応が間に合わない。そこで、顕在化した地域課題に迅速に対処するためには、やはりその地域に住む住民が協力し合いながら対応することが最も効率的で、効果的である。

行政としても、細かな課題に対して迅速かつ的確に対応したいと考えていても、行政の仕組みのなかでは予算や人員不足の制約があり行動に時間がかかってしまうところを、地域のなかですぐに対応してもらえる組織があれば非常に心強い。臼杵市の地域振興協議会では、地域内の住民が顔と顔が見える関係を築こうとさまざまな事業を実施している。日々のつながりがあることにより、地域内で何か課題があった時にはお互いに協力しあう「協働」を自然と実行できる。地方創生においても、主役となるのは行政の取り組みではなく、その土地に住まう住民がいかに自分たちの地域に誇りをもち、大切に残していくかということであり、臼杵市のように行政も地域に寄り添いながら地域のペースに合わせて協働の関係を築くことが、住民の自治組織が育っていくポイントであろう。

V　「まちのこし」という地方創生

1　「まちのこし」の精神でまちおこし

臼杵市役所周辺を訪れると市街地ではあるが、海に面した場所であることから漁業や商業が栄えたまちであったことが想像される。また、市内中心部には臼杵城がありその周辺には寺が多く、かつて寺町であったという印象が残っている。特に石畳のまちなかを歩いていると狭い路地の両側には白い漆喰の壁と調和のとれた瓦屋根の建物が並んでおり、現代の建物は目に入らない。この場所だけ時間をさかのぼったかのように昔ながらの風景を残しており、これも臼杵市ならではの地域資源の一つであると印象づけられた。

さらに中心市街地を散策すると、城下町の雰囲気を再現するため、臼杵城最寄りの金融機関も景観を合わせた白壁の建物となっていたり、そこから歩く市街地も城下町の雰囲気を再現しようと、まちなかの道路を石畳に変えたりしている。また、臼杵市の特徴ある歴史としてある宣教師とのかかわりから、修練院を再現した観光案内所を復元して、南蛮文化という個性を表現するまちづくりを行っている。そして、訪問をした時期がちょうど臼杵市の竹宵の一週間前ということもあり、市街地のなかでは中に灯りをともすための竹を切った『竹ぼんぼり』が準備され始め、まちなかを散策している時にも竹宵が臼杵市で大切にされている行事であることが伝わってきた。また、市街地から少し離れると、これも臼杵市の地域資源の一つである臼杵石仏があるが、その場所も必要以上に手を加えることなく周辺の景観に合わせた保ち方をしている。臼杵石仏がある場所は、年末大晦日の深夜に多くの人が訪れ新年を迎える有名な場所でもあるとのことで、臼杵市の人々にとっても大切にされているということが分かる。

いずれも、その地域に住んでいる住民が自分たちの地域のことを大切に思い、自分たちの誇りとなっていることが、それぞれの地域を訪れた際に感じる地域の個性であり、その個性がそのまちをイメージすることのできる地域資源である。

2　外部とのつながりによる新たな視点からの活性化

臼杵市には地域ごとに個性があり、それを守り知ってもらう活動として地域振興協議会において、その地域ならではの活動を続けている。地域振興協議会は、地域内でさまざまな年代や団体の人たちで共助により支えあいながら持続的なコミュニティづくりを進めている。地域振興協議会同士のつながりも新たな視点を得られるものとして、各協議会の代表が集まりお互いに学びあう場を臼杵市が設定し、切磋琢磨しながらそれぞれの地域の活性化に取り組んでいる。

その一つの例として、日廻氏によると「山間部の地域住民が海岸部の協議会が行っている地引網体験に参加したのがきっかけとなり、お互いの協議会の交流につながったものがある」とのことであった。まさに、自分たちの地域にはない資源をお互いの交流によって意識することができ、それが自分たちの地域資源であると自覚することができた事例である。

3　臼杵市の地方創生が日本の地方創生に

臼杵市では臼杵というまちのアイデンティティを意識して、臼杵ブランドを大切に残していこうとしている。東京では東京タワーやスカイツリーがあるように、臼杵市で日本中で知られているものでは何があるかといえば、すぐに浮かぶようなキラーコンテンツは思い浮かばない。しかし、だからといってその地域がダメなのかといえば決してそうではなく、その地域のもつ温かみや時間の進み方、その土地ならではの人と人とのコミュニケーションがそこに住む人たちをその地域に結びつけている。

都市部でやっていることや近隣の町でやっていることを真似していてもそれだけでは、その地域のアイデンティティが根付かない。一時はにぎわいが起こるかもしれないが、一過性のものとして終わってしまうのが多くのパターンである。人口減少や少子化に対処するため、より多くの人を集めようと（観光、移住、定住など）欲張る必要はない。そこにあった文化や歴史、風土を大切に伝えていくことが重要である。そして、行政だけでそれらを残していこうとするのではなく、臼杵市にかかわるすべての人たちが関心をもち、大なり小なり何かの役割を担い、実際に行動をすることによって臼杵市のまちが後世に残されていくはずである。

臼杵市とはどのようなまちなのか、そこに暮らしている臼杵市の人たちはどのように生活を営んでいるのかということを実感するため、臼杵城跡近くの観光案内所から寺町、城下町の雰囲気を感じるまちなかを歩き、観光交流施設「サーラ・デ・うすき」を訪れた。地元の食材を使った海鮮レストランでは、刺身をおからと混ぜた「きらすまめし」と呼ばれる郷土料理で臼杵の食を味わった。さらに漆喰の白壁が印象的な寺町を抜けたところにある商店街はかつて整備されていたアーケードを取り払うことによって、何とも言えないレトロな風情があり何度も通ってみたくなる商店街へと変貌を遂げた。歴史ある酒蔵には臼杵市とポルトガルとの関係を象徴するタイル壁画が内外に装飾され、新たに人が集まる場として生まれ変わっていた。そして、これらの取り組みの主役は行政ではなく、まぎれもなくそこに住んでいる住民の思いが実現されたものであった。臼杵市には確かにきらりと輝く真珠があり、それを後世へつないでいく住民組織によって地方創生が実現されていると実感できる。

注

1　臼杵市（二〇一五）『まちづくり基本条例集』六二頁。

参考文献

臼杵市（二〇一三）「臼杵市まちづくり基本条例」。
臼杵市（二〇一五）『臼杵市まち・ひと・しごと創生総合戦略』。
臼杵市（二〇一五）『第二次臼杵市総合計画』。

行正　彰夫（ゆきまさ・あきお）――――――――――（第４章）

関西学院大学大学院研究員
岡山市役所 勤務

関下　弘樹（せきした・ひろき）――――――――――（第５章）

関西学院大学大学院経営戦略研究科研究員
博士（先端マネジメント）関西学院大学　田辺市役所 勤務

益戸　健吉（ますと・けんきち）――――――――――（第７章）

関西学院大学大学院研究員
元国東市会計管理者

松尾　亮爾（まつお・りょうじ）――――――――――（第８章）

関西学院大学大学院経営戦略研究科博士課程後期課程
熊本県庁 勤務

世羅　　徹（せら・とおる）――――――――――（第９章）

有限責任監査法人トーマツ パートナー
公認会計士

前川　倫章（まえがわ・みちあき）――――――――――（第10章）

関西学院大学専門職大学院経営戦略研究科専門職学位課程
南あわじ市役所 勤務

【監修者】

石原 俊彦（いしはら・としひこ）

関西学院大学大学院経営戦略研究科教授
英国勅許公共財務会計協会 CIPFA 本部理事（アジア太平洋地区選出）
一般社団法人英国勅許公共財務会計協会日本支部 代表理事・支部長
博士（商学）関西学院大学　公認会計士

【編著者】

日廻 文明（ひまわり・ふみあき）――――――――（第1章）

関西学院大学大学院経営戦略研究科教授
前臼杵市総務部長

井上 直樹（いのうえ・なおき）――――――――（第6章）

福山大学経済学部専任講師
博士（先端マネジメント）関西学院大学

【著　者】

川嶋 徹也（かわしま・てつや）――――――――（第2章）

関西学院大学大学院研究員
枚方市役所 勤務

酒井 大策（さかい・だいさく）――――――――（第3章）

常葉大学経営学部専任講師
博士（先端マネジメント）関西学院大学